三面記事から見る
戦前のエロ事件

橋本玉泉

彩図社

はじめに

過去というものは、いろいろと誤解されやすい。「昔は良かった」というように、立派な慣習や楽しい思い出だけが語り伝えられることもあれば、「昔の時代など最低だ。男女や身分での差別は激しいし、あらゆる場面で自由が奪われていた。まさに前近代的とはよくいったものだ」と、過去を地獄の季節か何かのように嫌う人も少なくない。ほかにも、「明治の女性はおとなしく男に従っていた」とか、「戦前の日本では貞操観念が厳しくて、処女や童貞で結婚するのが当たり前」といったことを信じている人も多いようである。

はたして、過去の日本はそうしたイメージ通りなのだろうか。

実際に明治や大正期の新聞を開いてみると、予想に反するような、思いもかけない事件や出来事がいくつも発見できる。多くの人々が「意外」に感じるような数々の事実がそこには記されていたりするわけである。

本書に紹介したのは、明治や大正といった時代を中心にした戦前の新聞記事として掲載されたエピソードを、できるだけわかりやすくなるよう心がけて解説したものである。そのなかには、その時代ならではという事件もあれば、現代に通じるような、あるいは現代とそれほど変わらないような感覚や状況も少なくない。

また、事件の経緯を紹介するだけでなく、事件発生当時の世相や慣習、庶民生活に関わる情報や説明などもあわせて記載した。

先人が経験した事件や事故に加えて、当時の様子が少しでもご理解いただければ幸いであります。

三面記事から見る　戦前のエロ事件　目次

第3章 唖然！ 戦前に起きたトンデモ事件簿

第1章 衝撃！ 戦前に起きたエロ事件簿

性欲過剰男 メス豚を連続強姦

明治41年 静岡

男というのは誠に性欲の強い生き物である。

それはこの筆者も、十分に自覚し理解している。「いやいや、女のほうが性欲は旺盛だ」とおっしゃる向きもおられるようだが、女性の場合は「質」を大切にする傾向が強いのに比べて、男はとにかく「数量」である。

食事や料理にたとえれば、女性の多くはグルメ（美食家）だが、男の大半はグルマン（大食家）だ。特に、少年から壮年までの男というのはアラカルトよりも食べ放題、コースよりも一品デカ盛りを好むことが少なくない、といった感じではなかろうか。

その旺盛な性欲が引き金になって、さまざまな事件や出来事が起きているのはご存知の通りである。

明治41（1908）年3月半ば頃、静岡県磐田郡大藤村（現・磐田市大久保）にある養豚場の中に、不審な男がいるのを従業員が発見した。

「何をしている！」

従業員が駆け寄ると、男は下半身をむき出しにして1頭のメス豚に背後からのしかかり、その局部に自らの下腹部をのめりこませていた。

すなわち、**豚と性行為に及んでいた**のだった。

これには、現場を押さえた従業員の男性も驚きあわてたであろう。とはいえ、豚を盗んだり、殺したりしたというわけではなかったため、身元を聞いたうえできつく叱責して追い返すことにした。

メス豚と性交していた男は、近隣の見附町（現・磐田市見付）に住む正人（仮名）と名乗った。

そして、このときはせいぜい、「見附の正人とかいうやつが豚小屋に忍び込んで……」と、近隣の笑い話になった程度だった。

ところが、それからわずか5日ほどが経った頃、またしても、別の養豚場でメス豚が襲われるという事件が起きた。この際も、やはり従業員によって犯人の男が取り押さえられた。

この養豚場は、先の事件が起きた養豚場の親戚が運営しており、当然、最初の珍事の子細についても聞き及んでいた。

そこで確認してみると、案の定、**またしても犯人は正人であった。**

この正人という男、醤油の行商という正業があり、無頼の輩というわけではなかった。しかしその一方で、とにかく女性に卑猥なことをするのが大好きだった。

例えば、**近所を歩いている女性がいると見れば、少女だろうが人妻だろうが、身体に触れたり抱きついたり、果ては胸や股間を触ったりする**という有様。何をやらかすか分からないスケベ男、そんな人物だったのである。

そういういわくつきの男なので、当然ながら、近所や知人たちからは総じて嫌われており、正人の姿を見るや、女性はもちろん男性や子ども、老人までもが、家の中に逃げ込み、あるいは物陰に隠れるというほどだった。

そんな正人であるから、女性はまったく寄りつかない。しかし、人一倍強い性欲は蓄積するばかり。

そしてついに、「セックスできるのなら、何でも構わない」とばかりに、近隣にあった養豚場に目を向けた。つまり、豚に特別の興味があったわけではないようで、要はなりふり構わずセックスがしたかったのである。

正人の度重なる非行に、最初に被害に遭った養豚場の主人は激怒。正人の父親に対して賠償を要求した。

そして話し合いの結果、二度目に侵入した養豚場から正人側がメス豚を1頭買い取り、その代わりの豚を購入して代わりに先方に収めた。

さらに、「二度と豚にいかがわしい行為はしない」との誓約書を書いて、事態はようやく収束したという。

その後、正人がどうなったのかは資料などに残されていない。

その後も買い受けた豚とせっせと行為に励んだのか、それとも、他のパートナーを得て別の生活に入ったのか。

ちなみに、人間と豚が性交しても、もちろん妊娠することはありえない。

ところが、明治7（1874）年8月、群馬県で**「前橋にある養豚会社で人と豚の混血児が生まれた」**という噂が流れた。その真偽についてさんざん議論されたというが、生物学的に受精は絶対に不可能なので、まったくのデマである。

看護婦の大半が「売春ＯＫ」の病院

明治41年　栃木

明治41（１９０８）年4月25日、栃木県・日光の名所として知られる華厳《けごん》の滝で、若い女性の遺体が発見されたことが、『東京朝日新聞』で報じられた。

警察は状況から自殺と断定。聞き込みなどにより、24日から近くの旅館に宿泊していた学生風の女性が、遺体発見の朝6時頃に、「散歩に行ってくる」と外出したまま戻っていないこと、見つかった遺体の外見や顔立ち、体型がその女性に似ていたことなどから、自殺したのはやはり20歳の彼女であることが分かった。

ところが、女性は偽名を使って泊まっていたようで、宿帳に記載された名前や住所で照会しても該当者はなし。

そこで、所持品を丹念に調べたところ、商品受け取りの伝票が見つかり、それによって女性が相州中郡平塚町（現・神奈川県平塚市）にある病院で働いていた元・看護婦だということがようやく判明した。

ところが、警察による調べが進むにつれて、女性が勤めていた病院の常軌を逸した実態が次第に明らかになったのである。

女性は自殺する約1ヶ月前の3月17日に、勤めていた病院を解雇されてから行方不明になっていた。

そして、解雇時に彼女は妊娠しており、同僚にあてた手紙で、「子どもの父親は自分が担当していた男性患者だが、誰が父親なのか分からない」と告白していた。

つまり、**彼女は勤務しながら複数の男性患者とセックスを繰り返していた**のである。中でも、23歳の男性患者とはかなり懇意にしていたとの噂もあった。

その彼女だが、ハーフ風の顔立ちをした美女で、男性患者に人気だったという。

ところが、困ったことに彼女には盗癖があり、外出先の商店で万引きを繰り返していた。入院患者の高価な時計が紛失した際にも、彼女に疑いがかかったそうだ。

こうしたことが重なったため、病院側が解雇を持ちかけた。そして、彼女自身も病院での居心地が悪くなったことから、これを受け入れたもの

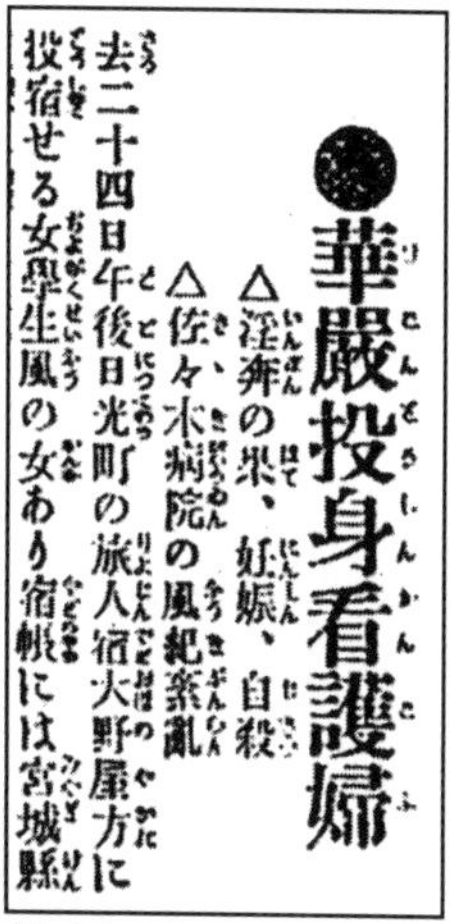
●華厳投身看護婦《かんごふ》
△淫奔《いんぽん》の果《はて》、妊娠《にんしん》、自殺
△佐々木病院の風紀紊乱
去《さる》二十四日午後日光町の旅人宿大野屋方に投宿せる女學生風の女《をんな》あり宿帳には宮城縣

『東京朝日新聞』
明治41年5月3日

と思われる。

しかし、悪いことに父親である可能性が高い23歳の男性の耳にも彼女の盗癖の噂が入ってしまった。そのため相談する者もなく、彼女は身重のままついに絶望して自殺の道を選んだものだと考えられた。

ここまでなら、単に盗癖があって下半身のだらしない女性の話で終わってしまっていただろう。だが、この事件は彼女だけに問題があったというものではなかったのである。

彼女が勤めていた病院には、60～70名の看護婦が在籍していたが、看護学校を卒業した正式な看護婦はごくわずかで、ほとんどが学業不振で行き場のなくなった女学生や、風俗嬢くずれの女性たちばかりだった。そのため、ろくに看護の知識も技術もなく、看護婦としての仕事も実体がないに等しかった。

にもかかわらず、そのことが問題になることはほとんどなかったという。

なぜなら、**入院患者たちがこの病院の看護婦たちに求めていたのは、看護ではなくセックスだった**からだ。

専門の知識や技術がないにわか看護婦たちは、院内で男性患者を相手にした売春行為を繰り返しては報酬を得ていたのだった。

おそらく、患者たちは付き添いの看護婦と直接交渉し、成立すれば直ちに行為に及んでいたのであろう。

この噂を聞きつけて、「若い美人の看護婦とヤれるぞ」とばかりに、仮病を使って入院してくる男子学生が後を絶たなかったとのことで、**日本人学生ばかりか、中国からの留学生までもこぞって仮病入院してくる有様**だったという。

そして当然ながら、先に挙げた自殺した女性のケースのように、父親の分からない妊娠も多く発生していた。事態が発覚するまでの1年間で、18歳の少年患者に付き添っていた看護婦など、判明しただけでも4人の看護婦が妊娠していた。

この「売春病院」が、その後どうなったのかについて、筆者はまだ確認していない。だが、新聞沙汰にまでなった病院が、そのまま何事もなく開業し続けられたとは考えられない。それに、院内でそういうことが横行していたのであれば、院長や経営側の責任が問われて当然であろう。

ともあれ、現代であればＡＶか官能小説のネタになりそうなことが、実際にしかも明治時代に起きていたとは、いささか驚きではある。

他校の女教師に春画を送るエロ校長
明治44年
岐阜

現代において、教師が関係したワイセツ事件というのは、調べてみるとこれが非常に多い。未成年者との淫行や売春行為、同僚や保護者との不倫、強姦や盗撮、ストーカー行為など、あらゆる事例がヒットする。

しかも、テレビや新聞で報じられるのは悪質なケースばかりで、下着泥棒やボディタッチなど、軽微と見られがちなものは報道されないことが少なくない。

そうした表沙汰にならない事例まで含めると、教師の不祥事は膨大な量になるという見方もある。実際に現役の先生たちに聞いてみても、いわゆる「M教師」（問題教師の略）の件は深刻で、「たしかに表面化しているのはごく一部で、人知れず続いていたり、被害者が泣き寝入りしていたりするケースは多いと思う」（都内の公立学校教諭）とのことだ。

また、このように問題を起こす先生は、ヒラの教師ばかりと思われがちだが、そんなことはない。教頭や校長といった、それなりの地位にある教育関係者も不祥事や犯行の当事者になることが珍しくないのだ。それは、現代も戦前も同じようである。

明治44（1911）年4月10日頃のこと、岐阜県内にある5ヶ所以上の小学校すべてに不審な封書が届いた。差出人の表記はなく、いずれもその学校に在籍する女性教師宛だった。

その怪しい郵便物を開封してみると、中からは、**「春画」すなわち男女のセックスシーンを描いた画集が入っており**、次のような旨の手紙が添えられていた。

「この絵をぜひとも買え。買わないと、後でどうなっても知らない。もし、どうしても買いたくないのであれば、岐阜市内にある岐阜市御園郵便局留めで日本育児院の志水宛に転送せよ」

エロ画集がいきなり学校に届けられたばかりか、脅迫状めいた手紙まで同封されているとは、単なるイタズラの域を超えている。

このようなものを送られることに、女教師たちには身に覚えがなく、しかも日本育児院の志水なる人物についても、まったく心当たりがなかった。

ともあれ、春画を受け取った女教師のひとりがただちに警察に届け、さっそく捜査が開始されたが、差出人が分からないため、当初はほとんど進展がなかった。

だが、内偵を進めていくうちに、御園郵便局に「日本育児院の志水」を名乗る者が現れたとの情報を得た。

これをきっかけとして捜査を進めた結果、ついに犯人が判明。**県内のとある小学校の校長を務める、福田隆という人物であることが明らかになった**のである。

戦前の公立の学校長といえば、現在とは比べ物にならないほどの威厳とステイタスがあったはずだ。その校長が、あろうことか女性教師宛に春画を送りつけ、しかも脅迫めいた手紙まで添付していたわけであるから、県の行政担当は大騒ぎとなったという。

それにしても、なぜ福田校長はこんなことをしでかしたのか。

新聞記事には「学校長ともあろう者が、何の目的にてかかる馬鹿げたる事を行いしか」と記すのみで、福田氏についての詳細、及び犯行の動機などについては不明のままである。

ただ、こんな騒ぎとなってしまい、福田校長がその後も何事もなかった可能性は低いだろう。何らかの処分を受けたか、あるいは自ら身を律したかのどちらかではあるまいか。

姉妹を交換 明治の「スワッピング」事件
明治12年
大阪

自らのセックスパートナーを交換する、いわゆる「スワッピング」という行為が、いつ頃どのように始まったのか、筆者は浅学ゆえにはっきりとは確認できていない。ただし、スワッピングを示唆する記述のある明治期の資料がいくつか手元にある。まず、明治12（1879）年10月3日の『朝日新聞』に、**「姉妹の妻を交換」**と題する短い記事が掲載されている。

その記事によれば、「近来は時々妻の交換を行ふ人もあるとか」と前置きしてから、大阪でのある事例を紹介している。

南区西阪町（現・大阪市中央区）にある湯屋（銭湯）の姉妹は、それぞれ婿養子をとって結婚。2組の夫婦が同じ家で暮らしていた。

それが、2年前からそれぞれの妻を「毎夜時間を限りて交換」しているのだという。夜に互いの妻を交換するといえば、どういう目的であるかは言わずもがなであろう。

ところがこの夫婦たち、勘違いやうっかりミスなどで、しばしば交換する時間を間違えることがあるという。

そして、そういうときは真夜中にもかかわらす婿養子同士が大声をあげてケンカになるということが何度もあり、そのたびに「近所の者困りて居る」と記事は締めくくられている。

記事からは、「妻を交換するとはけしからん」といったニュアンスはそれほど感じられず、むしろ、「やるのは自由だが深夜の騒音にご近所が迷惑しているぞ」といった牧歌的な雰囲気が漂っている。

もっとも、日本では欧米とは違ってキリスト教的な禁止事項だらけの性的タブーがあまりなく、古くからセックスをかなり自由に楽しんできたという歴史があるので、スワッピング程度では周囲も驚かなかったのかもしれない。

ただし、夫婦交換でトラブルが発生することもある。

この記事に先立つこと3年ほど前、明治9（1876）年7月に東京・八王子の近郊で農業を営む旧知の男性2名が、合意のうえでそれぞれの妻を交換しようとした。ところが、それを聞きつけた一方の夫婦の仲人を務めた男性が猛反発。「かような所業は村の恥だ」と、これをやめさせようとした。

ただしこれも、倫理的にいかがかというよりも、世間体が悪いからという感覚ではなかったであろうか。

ところが、実は一方の夫と相手の妻が事前に不倫関係になっていて、その妻の妊娠が発覚。**どちらの男が父親なのか分からないため、いずれの家族が引き取るのか、一悶着あった**そうだ。この年の7月3日付『横浜朝日新聞』が伝えるエピソードである。

その後時代が下ると、大正デモクラシーの頃には自由志向から一部芸術家や好事家などによって、スワッピング行為が広まっていったようだ。

さらに戦後の昭和30年代になると、娯楽雑誌に夫婦交換の広告が登場するようになり、昭和46（１９７１）年8月には、スワッピングサークルを主宰していた津川幸三氏によって専門雑誌『全国交際新聞』が創刊され、スワッピングがさらに一般へと浸透していくのである。

そして、この『全国交際新聞』こそ、現在なお発行が続いているスワッピング専門誌『月刊ホームトーク』の前身である。

勘違い外国人カメラ持参で女湯に乱入

明治25年 東京

欧米人から見ると、日本の銭湯とか公衆浴場とかいう施設はとても珍しい、あるいは奇異な光景に映るらしい。

筆者が学生だった30年ほど前でも、外国からの留学生諸氏が、日本の銭湯の様子に驚きあわてたり、逆に、その開放的な状況を気に入ってすっかりファンになったりということを見聞きした経験がある。

だが、なかには勘違いからか、とんだ行動をしでかす外国人の例も多々あるようだ。

明治25（1892）年3月24日の午後3時頃、東京・新橋にある銭湯「亀の湯」にひとりの「赤髭」、すなわち外国人男性がふらりとやってきた。

そして、女湯のほうに立ち入ったかと思ったら、**おもむろに1台のカメラを取り出すと、女性たちのいる脱衣所や洗い場を撮影**しようとした。

ちょうどその頃、女湯の中には出勤前の芸者衆が入浴中だった。

見慣れない外国人にいきなりカメラを向けられて、彼女たちは大騒ぎとなった。そして、まだお湯に濡れている体をろくに拭かないままで着物を羽織ると、急いで出口へと殺到した。

これには当の外国人カメラ男もあっけに取られ、シャッターを切る間もなくしぶしぶ退散したと当時の新聞記事は伝えている。


ところで、この事件にはいくつか補足が必要かもしれない。

まず、この事件を伝えた『東京朝日新聞』の記事には、「女の肌を見る事湯屋の三介（原文ママ・三助の意と思われる。著者注）の外決して許さざる所なり」とか、「日本人同士でさえ男湯と女湯には中垣を据えてお互いに見られるのを恥としてあるに」などといったことを、短い記事にもかかわらず繰り返し強調している。

しかし、これにはかなり疑問が残る。

なぜなら、**江戸期から明治後期まで、江戸や東京の銭湯の多くは混浴だった**のだ。

そして、江戸時代から幕府によってしばしば注意され、維新後は「近代化」を急ぐ明治新政府によって何度も禁止された。

にもかかわらず、各銭湯はなかなかお上の言うことを聞かなかったようで、混浴はあちこちで続けられた。施設も、大きな浴槽がひとつあるだけのところがほとんどだったらしい。

この珍事が起きた明治25年頃も、まだ銭湯での混浴の慣習はそれほど珍しくなかったものと考えられる。

しかし、「近代」の担い手を自認する天下の『朝日新聞』が、新政府によって「野蛮で前近代的」と決めつけられた混浴の慣習を認めるわけにはいかなかったのだろう。こんなコラムのような小さな記事に、後に大メディアとなる『朝日新聞』の方向性を垣間見る事ができる。

そんな状況であったため、件の外国人男も、女湯に入っても大人しくしていたならば、それほど驚かれなかったかもしれない。

ところがいきなりカメラを向けたりしたから、女性客たちは「裸を撮るなんて、冗談じゃない」と怒って帰ってしまったのではなかろうか。

なお、この外国人がどんなカメラを持参したのかはまったく不明だが、明治25年当時には、まだハンディタイプのカメラは極めて珍しかったと思われる。

その頃といえば、ようやくアメリカのコダック社がロール式フィルムによるカメラを発表し始めた時期であるが、名機として名高く現在でも人気のある「ヴェスト・ポケット・コダック」が発売されるのはずっと後になってから、20年後の明治45（1912）年である。

つまり、この時代にカメラを持っていたとすると、この外国人、それなりの地位と資産の持ち主だったのかもしれない。

東京の銭湯について少し説明を付け加えると、浴槽をガラス張りで男女隔てた銭湯は明治5年に登場したのが最初とのこと。明治12年の統計によれば、東京で営業中の銭湯は1051軒となっている。

そして実は、外国人が銭湯に乱入した事件は先のケースが初めてではない。

例えば、明治16（1883）年3月14日、東京・築地にある**銭湯の女湯にドイツ人男性が「女、好き！」と絶叫しながら全裸で乱入**。これにはさすがに女性たちばかりか男性客も驚き、その場で取り押さえられて警察に突き出されたという。

ただし、事件を報じた記事によれば、このドイツ人、**実は「オンナースキー」という名前だった**という。

つまり、「女、好き！」と叫んだのではなく、自分の名前を名乗っていただけだったらしい。

さらに、戦後になってからも外国人の銭湯、女湯へのアプローチは続く。

小野常徳氏の『アングラ昭和史』に紹介されているエピソードだが、終戦直後のこと、占領軍に同行して来日した**「世界的に有名な週刊誌のカメラマン」が、女湯の内部を撮影させろと警視総監に要求してきた**という。

もちろん、単に施設のことではない。女湯の入浴風景を写真に収めさせろというわけである。

占領軍といえば絶大な権利を持つ支配者であり、同行のジャーナリストもまた同様である。しかし、さすがにこれについては警視総監も首を縦に振るわけにはいかず、丁重に断り、引き取ってもらったとのことだ。

はたしてこの「有名なカメラマン」とは、誰だったのだろうか。今では知る由もない。

「ヤリたい」一心で媚薬を巻き散らした男
明治16年
大阪

「イモリの黒焼き」といえば、わが国では古くから「薬効のあるもの」として用いられてきた。

どれほど昔からであるか詳細は不明だが、８０６〜８０９年頃にまとめられた、日本最古の医学書と言われる『大同類聚方』には、医薬品の材料としてイモリの黒焼きに関する記述があるというから、少なくとも、平安時代初期にはすでにその効能が知られていた可能性がある。古くは、強壮剤のようなものだったのだろうが、**次第に「媚薬」として用いられるようになった**。

その後、イモリの黒焼きは媚薬の定番として、医学関係の資料だけでなく、さまざまな文献に登場するようになる。

例えば、肥前平戸藩主の松浦静山による随筆集『甲子夜話』にも、イモリの黒焼きを使った事例が載っている。ただしその内容は媚薬としてではなく、ある侍の男が主君に使ったところ、それまで嫌われていたのが一転、気に入られて出世したというもので、用例はやや異なる。

ところで、このイモリの黒焼きの使い方だが、細かく砕いて粉状にしてから、意中の相手にふりかけるだけという、非常に簡単なものである。

さらに時代が下って明治時代になっても、依然としてイモリの黒焼きは媚薬の代表だった。

天下の『朝日新聞』にも堂々と広告が載っていたし、その後昭和初期になって精力剤がブームになったときには、イモリの黒焼きだけでひと財産作った業者まで登場したらしい。

また、東京・上野では昭和８（１９３３）年に「イモリの黒焼きの元祖」を名乗る業者がいくつか現れ、それぞれが「元祖」「本家」を主張するようになったというから、かなりの人気商品だったのだろう。

ちなみに、この「元祖」「本家」の主張合戦は昭和30年代末頃まで続いたと言われている。上野には現在も漢方系の精力剤などを売る店がいくつもあるが、その名残であろうか。

さて、このイモリの黒焼きを「乱用」したため騒ぎになってしまったケースがある。

時代は明治16（１８８３）年のこと、大阪・堺に利三郎（23）という男がいた。

この男、女性を見れば「直に涎《よだれ》を流す」というほどの女好きだったが、当の女性たちからは無視されてばかりという、なんとも寂しい毎日を送っていた。

そんな状況をなんとか改善させたいと思っていた利三郎に、あるときひとりの友人がイモリの黒焼きのことを教えた。

「そいつを振りかければ、女はお前の言いなりだ」

それを聞いた利三郎は、さっそく買い求めようとしたものの、ちょうどその頃、行政によってイモリの黒焼きの販売が禁止されていた時期だった。

しかし、それであきらめる利三郎ではなかった。友人からその製造手順を聞きだすと、小川で全身ずぶ濡れになりながらイモリを捕獲。それを自宅に持ち帰り、自分でイモリの黒焼きを作ってしまった。

努力の末に夢の秘薬を手にした利三郎は、その**黒焼きの粉末を懐に忍ばせて街に出ると、すれ違う女性に手当たり次第にふりかけた。**

しかし、ざっと30～40人ほどの女性に試してみたものの、まったく効果なしという結果だった。

怒った利三郎は、友人に「だましたな！」と詰め寄った。するとその友人は、笑いながら言った。

「それはお前の使い方が間違っている。着物の上からふりかけても、効くはずがない」

これを聞いて納得した利三郎は、近くの銭湯に忍び込むと、入浴中のひとりの若い娘に目をつけた。

当時、まだ公衆浴場は混浴が当たり前だったということもあるかもしれないが、何よりも銭湯というものは、構造的に男湯と女湯は行き来しようと思えば簡単にそれができたのである。

現在では銭湯に馴染みのない方々も多くなったのでご存じないのも無理はないと思われるが、一般的な銭湯には男湯と女湯を隔てている壁の、番台の近くには双方を行き来できる戸口があった。

その戸口は施錠などされておらず、そもそも、もとから鍵などついていないため、手で押せば子どもでも簡単に開けられるような代物だった。それでも、男湯から女湯に乱入するような不届き者はいなかった。せいぜい、幼い子どもがふざけて通る程度であったように筆者は記憶している。

話を戻そう。利三郎はその娘が湯から出て身体を拭いていたところにいきなり立ちはだかり、**裸の彼女に、例の黒焼きの粉をバッとふりかけた**。

急なことで彼女は驚いたが、ふと気がつけば、せっかく入浴してキレイになった身体が、ヘンな粉で真っ黒に汚れている。

これはもう、あからさまに不審な行動である。

「キャー、何をするの！」

たちまち彼女は泣き叫び、利三郎は客たちに取り囲まれてしまった。

そして結局、利三郎は娘の親に怒鳴りつけられ、酷く叱責されて、ただ頭を下げるばかりだったという。女性を言いなりにできるどころか、とんだ恥をかいたわけである。


ちなみに、イモリの黒焼きについてだが、支持と人気があった反面、江戸時代の頃からすでに庶民の間でもあまり信用されていなかったようで、「眉唾もの」として揶揄する川柳や小話も多い。

医学的、科学的に考えても、媚薬効果は疑問であるというのが現在の見方である。では、なぜイモリの黒焼きに媚薬効果が期待できるのか。

永田徳本（永田知足斎：１５１３〜１６３０）の『薬物論』その他によれば、イモリは交尾の回数が多く、しかも交尾中に捕獲しても交合したまま離れないという。こうしたイモリの性質から、強壮や催淫の効果があると考えられたようである。

つまり、実証的に薬効が認められたわけではなく、単なるイメージ的なものという可能性のほうが高かったと見るのが妥当だろう。

「ある学校で、女生徒を裸にして身体検査をしているらしい」

そんな記事が掲載されたのは、明治31（1898）年5月15日付の『東京朝日新聞』だ。裸での身体検査を実施しているのは宮城県師範学校（現・宮城教育大学）附属小学校。具体的には、女生徒を裸にして体重測定をするため、それに驚いて逃げ出す女生徒が続出しているとのことである。

記事によれば、同小学校の職員に取材したうえで事実と確認。ただし、職員の話では、生徒たちを全裸にさせたままで体重を量っているわけではなく、実際には、別室で生徒たちに学校が用意した同じ重さの衣服に着替えさせたうえで体重を測定しているのだという。

要するに、生徒個人の正確な体重を把握するには各々の衣服の重さをいちいち差し引かなくてはならないため、このような措置をとっているということなのだろう。

そう説明されれば、合理的な理由に聞こえるかもしれない。

しかし、着替えの際には着ているものはすべて、腰巻すなわち下着の類まで一切を学校側の命令によって強制的に脱がせるというから、一時的とはいえ全裸になることを強要していることは事実だ。

また、ここでいう「小学校」とは高等科まで含まれ、15歳までが対象となる。自宅ならまだしも学校の施設内でティーンの女性が「全裸になれ」と指示されれば、心理的に苦痛を感じることがあってもおかしくはなかろう。逃げ出したくなる生徒がいても、なんら不自然ではない。

さらにおかしいと感じるのは、当事者である学校側の言い分である。

こうした体重測定の方法は、学校職員の独断ではなく「文部省の訓令に依り」、すなわち国からの指導によって実施していると説明したというのだ。

「上に言われたからやっているんだ」とは、現在でもよく見られる役人根性丸出しの無責任な言い訳である。多感な時期の女生徒たちに、精神的にどんな影響が及ぶかなどとは、まったく考えもしないのであろう。

まさに、教育に関わる者という以前に、役人であることを優先した感覚であることは間違いない。

そもそも、生徒たちの体重をそれほど正確に量る必要性があるのだろうか。

成長期の少女であれば、体重は変わりやすい。いや、成人女性ですら、日によって体重が1～2キロ変化することも珍しくはない。

出荷する家畜の重さを量るなどというならともかく、わずか数百グラムの衣服の誤差に、どれほどの意味があるというのだろうか。

こうした学校や監督官庁の姿勢に対して、記事は憤然とした論調で、「先ず文部大臣夫人の体重より検査しては如何にや」と批判的に締めくくっている。

すなわち、そんなに正確な体重測定がお望みならば、まずは大臣閣下の奥様からお手本を示してはいかがですかという、皮肉たっぷりの物言いだ。

そして、こうした教育現場の体質は、その後もずっと変わらずに引き継がれていると言える。

例えば、昭和40年（1965）年2月、東京・世田谷の松蔭高校で行われていた、女生徒に対する**「ブラジャー検査」**を発端とする事件が起きた。

同校は、現在は共学だが当時は女子高であり、厳しい校則によって生徒たちの行動その他を制限していた。

そのひとつ、服装に関するものの中で、ブラジャーにパットを入れるなどの行為が禁止されていた。そのための服装検査も実施されていた。

ところが、その年の2月初旬に行われたのが、**並べられた女子生徒達の胸に直接手**

を突っ込んでブラジャーを調べるという検査だった。

実際に行ったのは校長夫人である副校長だったが、**すぐそばでは男性教師もその様子を見守っていた**ため、「やり過ぎだ」と生徒たちの怒りが爆発。生徒会をはじめ、20名以上の有志が学校に対して糾弾活動を開始した。

これはさらに、図書館の利用制限や男女交際の禁止など、厳しすぎる規則に対する抗議に発展。全校生徒の９割にあたる２５００名の生徒が、校外で抗議集会を行う事態にまでなった。

しかし、学校側はこの集会を「事前に届け出がなかった」として警察に通報。駆けつけた警察によって集会は解散させられてしまう。すると生徒たちは校内には戻ったものの、今度は授業を拒否した。

その後も学校側と生徒側の対立は続いたが、生徒代表と保護者、学校側を交えた相談の結果、生徒側の要求する項目の一部を学校側が受け入れるという形でようやく事態は収拾した。

このような事件が起きると、学校関係者は口をそろえて、「生徒の健全な指導のため」とか「不良化防止のため」などと主張する。

だが、児童や生徒の人権人格を無視した行為は、結局は学校側の管理優先の考え方に過ぎないことは明らかだ。

生徒たちの人権をないがしろにしておいて、「教育」だの「健全」だのとは、何かの冗談としか思えない。それではまるで、人間ではなく工業規格品でも作るようなものだからである。

しかも、この手の「在校生の人権無視」を当然のことと思っている学校関係者は、決して例外的な存在ではないことを、筆者は現場での取材によって感じている。

そうした意味で、日本の教育現場は、明治時代と何ら感覚的に変わってはいないと自信をもって断言できるのである。

「母娘そろって男狂い」が原因の殺人事件
大正元年
東京

大正元（1912）年9月2日の深夜、東京は小石川区（現・東京都文京区小石川）の住宅で、30代の男性が殺害され、一緒にいた若い女性も重傷を負うという事件が起きたと、『東京朝日新聞』が伝えている。

犯人はその家に住む市川（54）という男で、殺害されたのは早川（31）という男性。重傷を負ったのはさと（17）で、市川の義理の娘だった。

実は、市川は最近再婚したばかりだったが、その結婚相手のこと（45）とさとは、親子でありながら早川とふたりして男女の関係、俗に言う**「親子どんぶり」**の状況にあり、しかも4人は同じ家に同居していたというのである。

事件発覚までの人間関係が少しややこしいので、順を追って説明してみよう。

殺された早川は神奈川県に生まれ、鉄道職員として働いていた。ところが25歳のとき、勤務中に機関車に轢かれ右足を切断する。働くことができな

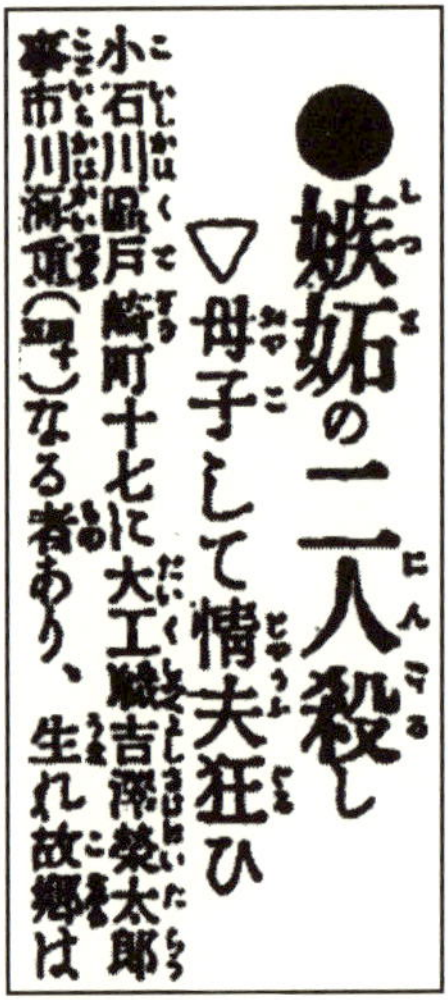
●嫉妬《しつと》の二人殺《にんごろ》し
▽母子《おやこ》して情夫《じやうふ》狂ひ
小石川區戸崎町《こいしかはくとさきまち》十七に大工職《だいくしよく》吉澤榮太郎《よしざはえいたらう》
市川□□(□)なる者あり、生れ故郷《こきやう》は

『東京朝日新聞』
大正元年9月4日

くなった早川は、鉄道院から支給される保証金でバクチに明け暮れる生活に堕落してしまう。

それればかりか、当時結婚していた妻を遊郭に売り飛ばしては、そのカネでバクチや女遊びに興じる有様だった。

そんな怠惰な生活の中で、早川はことの夫である石原という男と知り合った。その経緯は不明だが、賭場か遊郭あたりで顔見知りになり、次第に親しくなったのかもしれない。そして、自然と妻であることとも馴染みになっていく。

さて、早川はもともと色白の美男子だった。そんなイケメンに参ってしまったのか、それとも早川が女の扱いに手馴れていたのか、詳細は分からないものの、ことは石原という夫がありながら、早川と不倫関係になってしまう。

しかも、ほどなく娘のさとも早川と男女の関係になった。すなわち、**早川は知人の妻と娘をそっくりいただいてしまった**わけである。

その後ほどなく、石原が死去してしまった。死因は不明だが、ともあれこれで早川とことは正式に夫婦になる――ことはなかった。

ことは、さとを連れる形で知人から紹介された市川と再婚したのだ。市川も妻と死別して再婚相手を探していたのである。

こうして、市川とこと、それに娘のさとの3人の新生活が始まった。新居は市川の住む一軒家である。

しかし、早川とこの母娘との関係は、切れているわけではなかったのだ。

そして、再婚後しばらくすると、**ことは早川を呼び寄せて同じ家に住めるように市川に懇願した**。

まさか本当のことを言うわけはないので、「親戚に足の不自由な、気の毒な男がいるので下宿させてもらいたい」などといってだましたのかもしれない。

市川の住居は2階建て一軒家で、使っていない部屋があったため、空間的には無理というわけではなかったが、見ず知らずの男を同居させろという申し出には、さすがに市川も難色を示した。当然の反応である。

それでも、ことからの何度もの繰り返しの説得が続き、結局、市川はこの再婚相手の頼みを聞いてしまう。やがて早川が神奈川からやって来て、この家の2階に住むようになったのだった。

それからは、市川にとっては苦悶の日々であった。

早川が来たその日から、ことさとは市川のことなどほったらかしで、2階にある早川の部屋に入り浸りとなったためだ。

この2階の部屋で何が行われていたかは、詳しく説明するまでもあるまい。**昼夜の関係なく、3人絡み合いもつれ合いといった状態**だったことだろう。

そんな状況に、市川は驚きあわてたものの、なす術もなかった。力任せに妻と娘を引きずり出すこともできないし、出て行けと言えば3人そろって逃げ出してしまうことは十分に考えられた。

ともかく市川は、2階から聞こえてくる妻と義理の娘のあえぎ声に悶々とするばかりだった。

こうした状況から考えると、ことが再婚したのは単に住み家を確保するためだったとも考えられる。

そんなある日、「あの早川とかいう男をなんとかしなければ」と思いながら、市川は近所の飲み屋で酒を飲んでいた。

そして深夜2時頃に帰宅すると、妻のことは1階で眠っていたものの、2階では早川とさとが例によって大騒ぎの最中だった。

それを聞いて、市川の忍耐も限度を超えた。

「もう我慢できん！」

酒の勢いも加わって怒りが頂点に達した市川は、家にあった包丁を手にして２階に駆け上がり、早川の部屋に飛び込むと、布団の中で全裸のままからみ合っていた早川とさとに襲いかかった。

そして、早川の胸に包丁を力任せに何度も繰り返し突き刺した。悲鳴を上げて逃げようとするさとを制止しようとして、彼女にも包丁でケガを負わせた。

犯行後、市川は警察に自首。早川はほぼ即死だった。

さとも切りつけられて重傷を負っていたが、命に別状はなかった。

痴情にのめりこんだ女性のケースは珍しくないが、母と娘そろってというのはそうざらにある話ではなかろう。

それにしても、早川ら３人にうまく利用された市川については、殺人を犯したことは許されないが、哀れという気がしないでもない。

「覗き」が趣味 懲りないエロ住職

明治13年 東京

東京・本所のとある寺院に、自らの趣味に正直な、いや、何とも迷惑な住職がいたという。

『読売新聞』明治13（１８８０）年4月22日の記事によれば、東京・本所林町（現・墨田区）にある**某寺院の住職は、銭湯の女湯を覗くのが何よりの趣味でとにかく覗く**。

自分が銭湯を利用するときにはもちろん、ちょいと顔を突き出して覗く。用がなくても、立ち寄っては覗く。

そんな調子だったらしく、近隣のお風呂屋さんではその住職の姿が現れようものなら、「そら、また助平和尚が来た」と常連の女性客たちが騒ぎ出し、覗かれてはたまらないとさっさと帰ってしまうという。

そんなことが続いたものだから、困ったのは銭湯である。住職が顔を見せると女性客が寄りつかなくなるというので、行く先々の銭湯から入場を断られるようになってしまった。

現在ならまず間違いなく警察に通報されるところだが、そもそも、男女別の入浴もまだ徹底されていなかったということもあり、出入り禁止で済むところが明治の世というところだろうか。

ともあれ、周囲の銭湯すべてから出禁をくらってしまった住職は、これまた困った。入浴できなくなったことが、ではない。

女湯を覗くという、何よりも大好きな趣味ができなくなってしまったことに、日々悶々と過ごしていたという。

そうしているうち、寺院の近くに温泉が開業した。しかも、洗い場から女湯が見える構造になっているとのことである。

これを聞きつけた住職は、さっそく出かけてみた。すると、たしかに洗い場からは女湯がよく観察できるではないか。

それからというもの、その温泉に出かけては、**「カゼをひくのも忘れて」女湯を眺めるのが住職の日課となった**という。

ちなみに、銭湯は江戸の頃から混浴が普通だった。その理由は、まず、整備された当初の江戸の街は、人工比率で男性の数が圧倒的に多かった。そのため、わざわざ女湯を作っていては経営的にロスが多くなるので、混浴が一般的だったという。

その後、明治の新政府が混浴を禁止するよう各地に通達。明治元年にまず大阪で混浴禁止が行われ、翌年の明治2年には東京でも禁止された。

しかし、なかなか徹底されず、明治末期になってようやく男女別の入浴が定着したらしい。

とある警察官の「秘密の行為」発覚

明治13年　大阪

大阪のある警察署に、「伝話掛」という役職で勤めていたひとりの警官がいた。

彼は毎朝、１匹の犬をつれて出勤するのが日課となっていた。当時は、勤務先に愛犬をお供にする程度は問題なかったのであろうか、あたかも「西郷隆盛を気取っているのか」などと新聞で紹介されている。

明治13（１８８０）年4月10日の夜のこと、いつも通りに犬と出勤したこの警官は、そのまま宿直となった。

そして、その夜の深夜12時から１時頃のこと、署内にある談話室のほうから何やら怪しげな、声のような物音のようなものが聞えてくるのを、やはり宿直をしていたある警部が聞きつけた。

その声か物音というのは、誰かが泣いているようでもあり、また、何かを訴えかける声のようにも聞こえる。あるいは、まるで猫が水を飲むような音も混ざっているようだった。

（何の音だろう……）

不審に思った警部氏は仮眠の床から起き上がり、そろりそろりと談話室に近づくと、戸口から室内をそっと覗いてみた。

すると、そこには伝話掛が椅子に座っており、そのすぐそばには件の愛犬が控えていた。

（なんだ。犬と一緒にくつろいでいるだけか）

そう思った彼は、戻ってまた横になろうとした。しかしその時、警部氏は思いもかけない光景を目にすることとなった。

椅子に座っていた伝話掛は、そばにいた犬を引き寄せると、足の指で犬の「あらぬところ」をさぐり始めた。つまり、**犬の股間のあたりをいじり始めた**のである。

すると犬は嫌がる様子もなく、それどころか次第に「鼻息あらく果は腰のあたりをも動かす」にまでなっていった。

これを見ていた伝話掛も、「春の情を催ふし欲火頻りに燃まさりて」ついに、転げ落ちるように椅子から離れると、**犬にしっかりと抱きついて、「さながら人と交る如くあらぬ振舞をなす」に至った**という。

その一部始終を見ていた警部氏は、驚き呆れながらも、服の袖を口に押し当てて声や笑いを立てないようにしつつ、そっと談話室を後にしたという。

この警部氏は目撃した一連の光景について、固く口を閉ざして他人に話すようなことはしなかった。

しかし、どこからともなく話は広がるもので、いつしかこの伝話掛のことは噂となっていったようだ。

そして、伝話掛が宿直の日には「その光景」を盗み見てやろうという連中が集まってきては、時刻をはかってその談話室のそばで待ち伏せしているとか、同僚の友人がこの行為についてもう止めるように忠告したとか、果てはその伝話掛には実は世にも稀なる美人の妻がいて、それなのになぜ犬と淫らな行為をするのかなどと、尾ひれがついた噂が飛び交ったようだ。

明治13年、5月20日付の『大阪日報』に紹介されている記事である。

コラム①
どうして「三面記事」というのか

三面記事というと、世俗的な出来事や事件、下世話な話題などを取り上げた新聞記事といったところが一般的な認識であろう。

その由来は、明治中期にまでさかのぼる。当時の新聞は、両面印刷した紙面を二つ折したただけの全4ページのものが多かったが、その3～4ページ目に事件記事が多く掲載されていたために「三面記事」と呼ばれるようになったと考えられる。

さて、インターネットなどで調べると、新聞の3面以降に社会的な記事を載せるようになったのは明治25（1892）年11月創刊の『万朝報』がその代表格であり、その後に他のメディアもこれに習うようになったと説明されていることがある。

しかし、この説は疑問である。『万朝報』が創刊される以前の明治20（1887）年頃には、すでに複数のメディアが同様の紙面構成を行っていた。

たとえば『朝日新聞』なども、1～2面はおもに政治や行政に関する記事や社説などを掲載し、3面以降に「雑報」として現在でいう週刊誌的な事件や、世間的な出来事などについての記事を多く載せていた。

　このことから、いわゆる三面記事という言葉が世間に広まっていったのではなかろうかと考えられる。

　その後、紙面の量が増えるに伴い、世俗的な記事は3面ではなくそれ以降の面へと移動していった。

　つまり、当時は多くのメディアでゴシップ記事を掲載していたのだが、とくに『万朝報』は著名人のスキャンダル記事などを好んで掲載していたために、三面記事の元祖と誤解されているのではなかろうか。

　ちなみに、本書に採用した事件の数々は、そのほとんどが『朝日』『毎日』『読売』といった、天下の大新聞に掲載されていたものである。明治時代の新聞は、本当に三面記事の宝庫である。

第2章
愛憎！ 戦前に起きた男と女の事件簿

他人の妻を激安分割払いで買った男

明治8年
東京

明治期の新聞をながめていると、**自分の妻を「売った」とか「貸した」とか、さらには「抵当に入れた」「牛と交換した」などといった記事がしばしば登場する。**

まるで人身売買ではないかと思って読んでみると、まさにその通り。

ただし、それぞれの事例を調べてみると、単純に現金が目当てというよりも、人間関係のもつれや情がからんだケースが多い。

「カネがほしい」というのは、むしろ親が実の娘を遊郭などに売るというパターンでよくみられる。

そうした妻をやり取りしたという事例のひとつに、今でいう不倫相手に対して自分の奥方を売ったというものがある。

明治8（1875）年9月2日の『朝野新聞』に**「女房の月賦販売」**という記事が載っている。

同年8月23日のこと、東京・新富町（現・中央区新富）のある家に居候をしていたハチ（仮名）という男が、世話になっているその家の主人の妻と「何か悪いこと」をするようになってしまった。

その経緯や詳細は不明であるが、すなわち、恩義ある人の留守中に、その奥方と男女の関係になったというのである。友人や知人の奥さんと懇意になってしまうというケースは、現代でもわりとよくある話である。

ところがある日、その奥方との関係を恩義ある主人に見つかってしまった。どこからか話を聞きつけたのか、それとも「現場」を押さえられたのか、具体的なことは分からないものの、とにかく絶対に知られてはならない人にその事実をつかまれてしまったのだ。

当然、主人は激怒。恐れをなしたハチと奥方は逃げ出して、近隣の知り合いの家へと身を寄せた。

しかし、この手のことは経験した者ならすぐにわかるが、ただ空間的に逃げていればいいというわけではない。

どんなに遠くへ逃げたとしても、事態は変わらない。それどころか、悪くなることが多いのだ。相手方と連絡を取るなり、第三者に仲介してもらうなりして、解決に向けての話し合いをすることが肝心である。

この際も、ハチは親しい知人に間に入ってもらい、自らの不義を主人に詫びた。そして、「過ちを償うため、奥方をいただきたい」との旨を伝えてもらった。

この申し出に主人も納得した。そして、**7円50銭で奥方を譲る**ということで話が成立したという。

つまり、不倫関係の末に相手の旦那から人妻を現金で買ったということになる。

さて、7円50銭という値段であるが、当時の金額を現在の価値に移すのは難しいが、低く見積もっても、当時の1円は現在の1万円くらいになるので、8万~10万円くらいに換算できる。すると、女性ひとりの「値段」としては相当に安い。激安と言ってもよいのではなかろうか。

記事にも「人の女房を僅か7円50銭で買った」と記されている。

ともあれ、互いに納得して交渉は成立したのであるから、これで完了となるはずだった。ところがハチはこの時、手元に現金を2円50銭しか持っていなかった。

そこで、仲介してもらった知人に足りない分を立て替えてもらい、その後2ヶ月かけて残債を完済したとのことである。

すなわち、**人妻をローンで購入した**ということだ。

一方、奥方を居候のハチに寝取られてしまった主人はどうしたかというと、即座に新しい女性を妻に迎えたという。

人権意識の高い方が聞いたら、「まるで婚姻を買い物か何かのように考えているではないか」と怒るかもしれない。

記事も「買ったものも買った奴、売ったものも売ったものではありませんか」と、かなり呆れた調子で締めくくられている。

とはいうものの、明治時代には姦通、すなわち不倫がもとでの傷害事件や殺人事件がいくつも起きている。それに比べれば、この事件は穏やかに解決したとの見方もできる。

さらに、明治初期には夫は妻の姦通を確認した場合には、妻や相手の男を殺害しても罪に問われないとされていた。

実際、明治8（1875）年に岐阜県である男性が妻の不倫現場に遭遇。怒りのあまり相手の男性にカマで襲いかかり、喉を切り裂いて即死させた。さらにおびえて逃げ出した妻を追いかけて捕らえ、ボコボコに殴りつけているところを近隣住民に止められて警察に突き出された。ところが、男性殺害や妻への暴行などについて、後に無罪となったという事例もある。

こうした「夫は妻の不倫を裁いても無罪」という考えは、徳川時代の「不義密通」の感覚を受け継いだものと考えられ、明治時代初期まで続き、その後次第に消えていくが、それでも男尊女卑的な考え方はまだまだ残っていた。

しかし、だからといって女性がひっそりと、大人しくしていたわけではない。

本書でもいくつか取り上げているように、「女傑」という表現がしっくりくるような、豪胆な女性のエピソードも、明治期には次々に出てくるのである。

1年間で旦那を8回も替えた女
明治24年
東京

明治24（1891）年のこと、東京の下谷区南稲荷町（現・台東区）に、おたき（41）という女性が住んでいた。普通に結婚生活を送っていたおたきだったが、２年前の暮れに長年連れ添った夫が死んでしまった。

さて、武家には「二君に仕えず」という教えがあった。生涯に仕える主君はひとりだけであり、主を何度も変えるのは節操がなく道義に反するという価値観である。こうした考え方は、ひとつは儒教の流れからきているものと思われる。

例えば、中国・宋の時代の学者である程伊川《ていいせん》のエピソードがある。貧困に苦しんでいる未亡人について「頼ることのできる親類もなく、そのままでは餓死してしまうような場合、再婚は許されるか」と問われたことに対して、伊川先生は即座に次のように答えたという。

「餓死するなどたいして問題ではない。むしろ、再婚によって『二夫に仕えず』という節義を破ることのほうが、はるかに重大なことだ」

ちなみに、儒教とか武士道とかいっても、時代によって、また数多い学派や流派によって、考え方や作法にはかなりの違いがある。

程伊川というと厳格主義で知られた学者である。同じ儒教でも律法主義的な強硬派から寛容な学派までさまざまだし、日本の武士道でもまた同様であって、かくいう筆者も若い頃に、聞きかじりの知識で「武士道ではこういう……」などと人前で話して、何度もとんだ恥をかいたものである。この「二君に仕えず」という考えが武家に定着したのも、江戸時代になってからと言われている。

話を戻そう。このおたきもまた、武家の家に育った。では、夫の死後も二君に仕えず彼女が独身を通したかというと、まったくそういうことはなかった。

連れ合いに先立たれた彼女は、ひとり身の寂しさから、**すぐに愛人を作って家に連れ込むようになった**のである。

この頃、夫の死によって収入が途絶えたおたきは、生活のために『未亡人の店』と称する店舗を始めた。

その営業内容は不明だが、未亡人といいながら愛人の男が出入りしていたことであまり評判はよくなかったらしい。そこで明治23（1890）年夏には店をたたみ、再婚することを決意する。そして、この年の初秋にめでたく新しい夫と結婚した。

ところが、**再婚からわずか4～5日でおたきのほうから離婚**。しかも、すぐに別の男と同棲を始めた。しかし、やはり半月も経たないうちに入籍する前に破局。続けて3人目の相手とは婚礼を行い、その翌日に入籍を済ませたものの、やはり数日でおたきのほうから追い出してしまった。

その後、おたきはまるで従業員を雇ってはすぐさまクビにするかのように、何度も再婚と離婚、あるいは似たようなことを繰り返した。

そしてなんと、23年秋から24年の夏までの**1年足らずで、9人もの男性と結婚または事実婚をしては別れた**という。

だが、どうも別れたというよりは、おたきのほうから一方的に捨てたということも多かったようだ。また、夫になった男のほうから「頼むから別れてくれ」と離婚を懇願されるケースもあったらしい。

さらに、すでにパートナーがいる状況であっても、他に気に入った男が見つかると一緒に家までつれて行き、現在の夫の前で「この人が新しいアタシの亭主。お前はもう出ていって」などと、あたかも部品を新品に交換するかのように男性を取り替えることもあったという。なんとも豪胆というか、乱暴というか、むちゃくちゃというか。

一般に、離婚は結婚よりもはるかに労力が必要であり、ストレスがたまるというが、おたきはそういうものにはまったく関係がなかったようだ。むしろ、常に新しい男性を補給することで、力と命を養っているかのようである。

とにかく、いい男、気に入った男を見かければ即座にアプローチ。そしてただちに同棲、そして結婚ということを繰り返していたようである。そして飽きた男に未練はない。そんな感じで、さっさと捨ててしまっていたのだろう。

ちなみに、記事掲載時点での夫、つまり9人目の男性は、4〜5日前に結婚したばかりだった。

その男性、新潟県から上京して三助、すなわち銭湯の従業員の仕事を探していたところ、東京・本郷にある口入所、現代でいう職業紹介所にやって来たところをおたきに「確保」されたという。

それにしても、どうしておたきはこのように、パートナーの男性を次々に替えるようになってしまったのだろうか。

もともとの性格なのか、最初のご主人との死別が要因なのか、それとも何かまったく別の理由があったのか。

その後、彼女がどうなったかは分からない。最良のパートナーを見つけて余生を静かに送ったのか、それとも、後年までやはり次々と男を漁り続けたのだろうか。

すべては謎のままである。

「奥さん貸して」「いいよ」事件

大正14年
東京

大正14（1925）年8月16日の午後2時頃のこと、東京・本所区（現・墨田区）に住む健二郎の住まいに、近くで暮らしている友人の鉄雄がやってきた。

そして、健二郎の顔を見るなりこんなことを言い出した。


「夕方まで細君のおしもさんを貸してくれないか」


どれほど親しい友人かは知らないが、おカネや品物でも借りるかのように、いきなり「お前の女房を貸せ」とはあまりに唐突で、しかもかなり非常識な頼みである。

しかし、これに対して健二郎は**「二つ返事で承諾」した**という。

まさに「奥さん貸してくれ」「ああ、いいよ」というようなやりとりだったと思われる。

それにしても、健二郎は鉄雄に、なぜ奥さんを借りたいのだとか、そうした理由とか事情とかは聞かなかったのだろうか。

ともかく、それを聞いた鉄雄は、家の中にいたおしもをつれてふたりで外に出て行った。どこに行くとか、何をするかとか、そういうことは何も告げずに。

ところが、夕方どころか翌日になっても貸したおしもが帰ってこない。鉄雄からも何の連絡もない。

健二郎が不審に思っていると、おしもから「もうお前のところには帰りたくない」という旨の知らせが届けられた。記事には詳しく書かれていないが、おそらく人づてに手紙のようなものが手渡されたのだろう。

これに驚いた健二郎は、急いで鉄雄の家へと向かった。

しかし、すでに家の中はもぬけの殻で、鉄雄とおしもの姿はどこにもなかった。思いもかけない出来事にあわてた健二郎は心当たりを片っ端から探し回ったものの、ふたりの行方はまったく分からなかったという。

ここまでの経緯から、いくつかの推測ができるだろう。

例えば、鉄雄とおしもはすでに以前から不倫の間柄、またはなんらかの関係を持っていて、このような事態になったというパターン。

あるいは、おしもが健二郎との離縁を希望していたものの思うようにいかず、夫の友人である鉄雄に頼み込んで脱出を計画したということも考えられる。

ともあれ、いずれも憶測の域を出ないものであって、事実や詳細についてはまったく分からない。

さて、妻と友人が行方知れずとなった健二郎だが、5日間も思い当たる場所を手当たり次第に探し回ったにもかかわらず、手がかりすら得られなかった。

そこで最終的に警察署を訪れると、泣きながらこう訴えたという。

「妻を連れ去った鉄雄を横領罪で訴えたいので、手続きを教えてもらいたい」

今日の我々の感覚であれば、警察に対してはまず捜索願を出して、それから家出、あるいは誘拐や拉致、監禁などの可能性を考えるのが普通ではなかろうか。

ところがこの健二郎、自分の妻に対してまるで財物かなにかのように「横領」などと言い出すことに、筆者はやや驚いてしまう。

そして、このように自分の妻を「モノ」か何かのように考えているところに、「これでは奥さんも嫌になるのではないか」などと考えてしまったりする。

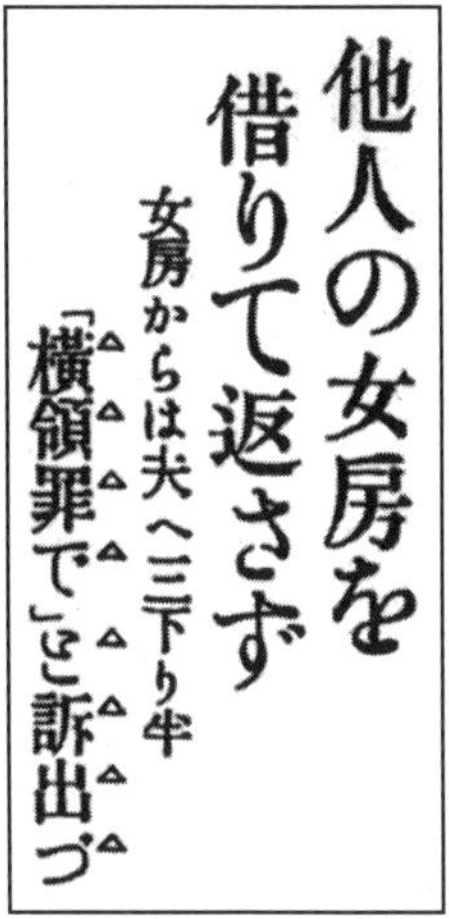
他人の女房を借りて返さず
女房からは夫へ三下り半
「横領罪で」と訴出づ

『東京朝日新聞』
大正14年8月23日

なお、新聞の記事はここで終わっているため、この後、3人がどのようになったのかは不明である。

本書で他にも紹介している通り、昔の新聞には、自分の妻を売ったり買ったり、品物と交換したり、質に入れたりといった事件が次々に見つかる。

こうした事例に対して、「昔の日本は酷かった」と感じる方も少なくないかもしれない。それはそれで、ひとつの正常な感覚であろう。

では、現在の日本では、人権がキチンと守られているかどうか。さすがに、あからさまな人身売買などは見かけなくなったようだ。

しかし、相変わらず女性や子どもなどといった弱い立場の者に対する暴力や虐待は後を絶たないし、会社でのパワハラや学校での教師から児童・生徒へのハラスメントも少なくない。

さらに、派遣社員など非正規労働者が人権すらも無視されて機械のように働かされているといった状況が、依然として存在している。「昔は酷かった」では済まされない状況が、現在も続いているとしか感じられない。

不倫の慰謝料に味をしめた男
明治32年
岐阜

美濃（現・岐阜県）のある村に浅野寅吉という男がいた。

ところがあるとき、彼の妻が村の助役と姦通、すなわち不倫関係になっていることが発覚した。

当然、寅吉は激怒したことであろう。

だが、助役といえば村長に次ぐ地域のナンバー2である。寅吉に慰謝料として30円をポンと払った。

当時、まだ白米10キロが80銭程度。学校の先生の初任給が10円という時代なので、30円といえば、かなりの大金だ。現在の価値に換算すれば、少なくとも、40万～50万円くらいの感覚だと思われる。

そんな大金を手にした寅吉は、怒りも忘れて大喜び。**おカネを持って遊郭に直行すると、そのまま3～4日ほど逗留してさんざん豪遊した。**

それこそ、飲んで食べて、女性も飽きるほど抱いてといったところだろう。

このように、かつて経験したことがないほどさんざん遊んだ寅吉は、帰宅するなり妻に言った。

「おかげで、とても面白い遊びができた。他に間男がいないか、村中を走り回って探してこい」

この事件は、明治32（1899）年7月31日の『東京朝日新聞』に掲載されていたコラムが伝えたもの。

冗談半分に言ったのかもしれないが、なんとも無神経な夫もいたものである。果たして当の奥さんは、そのときにどんな顔をしたのであろうか。

教え子を妊娠させ殺害しかけた教師

教師が、教え子の女生徒と性的関係になるというのは、何も最近始まったことではない。すでに明治の頃から、そうした事例は発生している。

そのひとつが、明治24（１８９１）年に横浜で発覚した事件である。

記事には「余計なことを教える教員」などとのんきにも感じられるタイトルがつけられているが、内容をよく読んでみるとそんな牧歌的なものではない、実に身勝手な、元教師による傷害事件である。

横浜に住む常太郎（26）は市内のとある学校で教員として働いていたが、**教え子であるお梅という20歳の女性と男女の関係となり、ついに妊娠させてしまった。**

そしてこれが発覚し、常太郎は学校をクビになり、お梅も学校を辞めさせられてしまった。

どういう経緯があったのか詳細は分からないが、ここで終わっていればまだ穏やかだった。

ところが常太郎は、その後も未練がましくお梅の家の近くに毎晩のように出没しては、物陰から彼女の様子をうかがっていたという。

もしかしたら、お腹の子どものことが気になっていたのかもしれないが、現代ならば間違いなくストーカーとして警告を受けているところである。

そうしているうちに、お梅は常太郎の子を流産してしまう。そしてほぼ同時期に、彼女の縁談が決まったという噂も流れた。

これを聞いた常太郎は、「さてはこの俺との縁を断ち切るつもりで、強い薬でも使って無理やり流産させたに違いない」と勝手に思い込んで激怒。

怒りの常太郎は警察に駆け込むと、お梅は流産ではなく堕胎だと訴えた。法律に基づいて医師などが行う以外の堕胎は、違法行為として処罰の対象となるからだ。

そこで、警察はお梅を呼んで事情を聞いたところ、流産は病気のためであり、また薬品や器具などを使った堕胎の証拠も確認できなかった。

結局、常太郎の言い分は認められなかったわけだが、もともと何か確証があるわけでもなく、単なる憶測をめぐらせただけであるから、当然の結果だと言える。

これで収まっていたならまだよかった。

今度は、お梅の父親が、「娘の婚礼は盛大に執り行う」と周囲に公言するようになる。

自分の娘を妊娠させた無責任ばかりか、堕胎だなどとありもしないことを警察に告げた常太郎に対する憎しみと怒りから、お梅が幸せに結婚する様子を見せつけてやろうという父親の意図であった。

すると、父親の思惑は的中した。この話を耳にした常太郎はまたも激怒したのだ。

「俺にひと言のあいさつもなく婚礼を決める親も親なら、お梅のやつもあまりに薄情ではないか」

頭に血が上った常太郎は、単身でお梅の家に怒鳴り込んだ。

そして、**持参したナイフで驚きあわてるお梅と父親を切りつけてケガを負わせると、そのまま逃走した。**

さすがにこれは見逃すことはできない。お梅の婚約者が警察に届け出て、逃げていた常太郎は逮捕された。お梅と父親のケガの詳細は不明だが、記事を見る限り、命に別状はなかったようである。

このように、男性教師と女生徒が男女関係となって、さらに事件に発展する事例は過去から現在に至るまで数多く発生している。

こうした事件で最も卑劣で凶悪なものといえば、昭和61（1986）年に起きた、現役高校教師による元教え子殺害事件だろう。

教え子の女子生徒と関係を結び、卒業後はソープランドで働かせてカネを巻き上げ、新しく別の教え子と関係ができると邪魔になって殺害し遺体を焼いて捨てたという、とんでもない事件であった。

ついでにいえば、こういう教師と生徒というケースだけでなく、あらゆるパターンの犯罪は遠い昔から起きていることがほとんどである。「昔はこんなことはなかった」などというのは、何も知らない人のセリフである。

男を手玉に取りまくった19歳の悪女
明治22年
東京

いつの世にも悪女と呼ばれるような女性はいるものだ。

明治22（1889）年10月の『東京朝日新聞』に、ある悪女の所業を紹介した記事が載っている。

東京・浅草小島町（現・台東区小島）に、お菊という19歳の女性がいた。かなりの美人だったというのだが、その美しい外見に似合わず、中身は「女夜叉」と呼ぶほどの無軌道ぶりだった。

なにしろ、14歳のときにすでに男と男女関係になっており、**腕には相手の男の名前を入れ墨にする、いわゆる「入れ黒子」をしていた**というから、なんとも大胆な少女である。

以来、19歳までの5年間に「色と欲との二道掛けて男を欺き金銭を巻き上げ」ということを続けてきた。その騙された男は「数を知らず」というから、それこそ相当な人数になるのであろう。

さんざん酷い目に合わされて、やっとの思いでお菊と手を切って逃げる男も少なくなかったらしい。

そういうことを繰り返していれば、自然と悪い評判が立つものである。噂になってからは近隣の男たちでお菊に手を出すものなどひとりもおらず、彼女から優しい言葉をかけられようものなら、事情を知っているたいていの男は、身震いしながら後ずさりするという有様だった。

しかし、中にはお菊への反逆を目論む男たちもいた。

やはり彼女にさんざん騙され惑わされ、そのためにあるいは親から勘当され、あるいは勤め先をクビになった男たち4人が寄り集まった。

4人はそれぞれ、お菊からは夫婦になるという約束を交わした起証、いわば婚約を証明するような文書をもらっていた。

「本当にあのお菊という女には酷い目にあった。どうだ、4人でお菊にこの起証を突きつけて、少しばかりでもあの女に貢いだカネを取り戻そうじゃないか」

「それはいい」

「よし、すぐに実行だ！」

意気投合した4人は、さっそくお菊の家に押しかけると、怒りの形相と激しい口調で彼女に迫った。

「この結婚の約束、どうするつもりだ!?」

「約束通りに夫婦になるか、それとも手切れ金を出すのか、さあ答えろ！」

４人の男たちがわめき続けたが、当のお菊はあわてることなく涼しい顔でこう言った。

「それでは、自分でもこの身体は持て余しておりますので、どうかお前方、話し合いのうえ、４つに分けてお持ちになってくださいよ」

この返事には、４人の男たちは何も言い返せなかったという。

そもそも、女性ひとりに対して男たちが申し合わせて乗り込むという時点で、すでに彼らの負けは確定していたのかもしれない。ひとりの女性を相手に、男が４人でぞろぞろとおしかけること自体が、「ひとりではとうてい勝ち目のない弱いボクたち」と看板に書いて掲げているようなものだからである。

しかも、最初からカネが目当てであるにもかかわらず、「結婚か手切れ金か」などと心にもないことを言って迫るとは情けない話だ。そう突きつければ相手が困るとでも思ったのだろうか。

そんな男たちの浅はかさに比べて、百戦錬磨のお菊はことのすべてをお見通しだったに違いない。

あわてず騒がず、頭に血が上った男たちを涼しげにあしらうとは、19歳という若さで、何とも肝のすわった女傑ぶりである。

たしかにお菊は悪女の類に間違いなかろうが、騙される側もうかつな男が多かったのではなかろうか。

記事もまた、お菊を批難するというよりも、男たちに呆れたような論調である。

相手がいかに美女だからといっても、油断なさるなということなのかもしれない。

戦前に起きた心中事件のあれこれ

明治41年ほか　東京など

　戦前の新聞を読むと、心中事件を取り上げた記事がとても多い。

　その関係も、結婚相手のある不倫の間柄から、学生と芸者、公務員と水商売系で働く女性といったパターンの他、女教師と無職男性といったケースなど、関係はさまざまである。

　さらに、未成年者同士の心中という事件も起きている。

　明治41（1908）年の新聞記事を見ると、17歳の少年と14歳の少女の心中事件が紹介されているのだが、この事件、まず少女の喉を短刀で貫いて死亡させた後、自分の喉を突いて自殺しようとしたものの絶命には至らず、悶絶していたところを住民に発見されて病院に担ぎ込まれたということである。

　わずか17歳の少年が、首吊りや飛び降りではなく、刃物を使っての心中とは何とも凄まじい。

　体験した人でなければ分からないと思うが、自分にしろ相手にしろ、生身の人間に

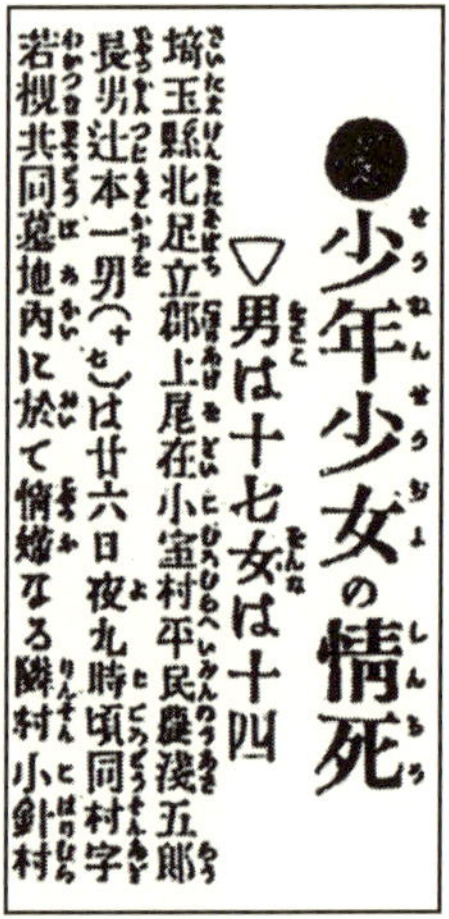
●少年《せうねん》少女《せうぢよ》の情死《しんぢう》
▽男《をとこ》は十七女《をんな》は十四
埼玉縣北足立郡《さいたまけんきたあだちごほり》上尾在小室村平民農澁五郎
長男辻本一男(十七)は廿六日夜九時頃同村字
若槻共同墓地内に於て情死なる隣村小針村

『東京朝日新聞』
明治41年9月28日

刃物を向けるという行動は、よほどの覚悟がなければできないことである。

ちなみに、この17歳少年の話によれば、心中の動機は親や周囲の大人たちの無理解だったという。

また、この頃の心中事件で実に頻繁に見かけるのが、男女の遺体が抱き合った形で発見されたり、あるいは、抱き合ったままで鉄道や河川などに飛び込むというケースである。

これも非常に事例が多いが、例えば、大正14（1925）年3月2日の午前4時55分、東京・蒲田の踏切に20代の男女が抱き合ったまま飛び込んでいる。

もちろん、両名とも電車に轢かれて即死状態。おそらく、電車の乗務員が目撃していたと思われる。

一方、不可解な事例もある。

明治7（1874）年4月に東京・本所の河岸で発見された男女の遺体は、これまた互いの身体を帯できつく結び合わされていたので心中と思われたが、**男性が女物の着物を着込み、女性が男物の着物を着ている状態**だった。

しかも、男装した女性は下着にふんどしまで締めていた。どういう意図だったのか、遺書も何も残されていないので分からない。

この他にも、珍妙な心中事件は存在する。

明治39（1906）年のこと、相州平塚在須馬村（現・神奈川県平塚市）に住む常吉（20）は、福山（20）という遊女に夢中になり、当時の平塚にあった遊郭に通い詰めてカネを浪費する有様だった。

そのあまりの入れ込みように、父親は怒るのを通り越して呆れ果て、勘当も同様にほったらかしにしていた。

しかし、特に資産家というわけでもなく高給取りでもない常吉である。そんな派手な遊郭通いが続くはずはなく、たちまちカネを使い果たし、食費にすら困るようになってしまった。

ところがこの常吉、食うに困るよりも福山に会えないことのほうが辛いと嘆いたというから、かなりの重症である。

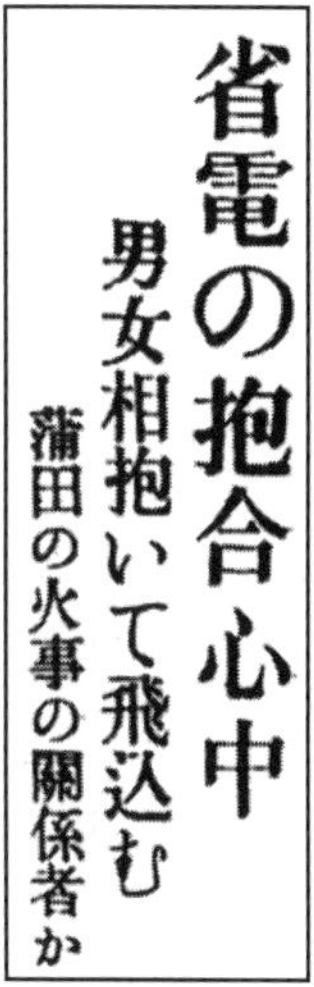
省電の抱合心中
男女相抱いて飛込む
蒲田の火事の關係者か

『東京朝日新聞』
大正14年3月3日

そして同年5月中旬のこと、中郡吾妻村（現・二宮町）の東海道並木で首を吊り、死んでいる常吉が発見された。

すぐそばの樹木には、福山の写真が出刃包丁で突き刺した状態になっていたという。現場の状況から、どうやら**常吉は福山と無理心中をしたつもりで自殺した**ものと思われた。

さて、今日の新聞記事は客観的報道が主であるが、明治期の新聞は今日から見ると週刊誌の記事のようなテイストで書かれていることも多く、記者の論評が添えられるパターンが大半だった。

しかも、当時の傾向では心中した者は、「愚か者」とか「姦夫姦婦」とかなどと称され、犯罪者同然の扱いがほとんどだ。たいてい、心中した当事者をこき下ろしたり、辛らつに批難したりしているのである。

この記事にしても同様で、タイトルは**「お手軽写真心中」**だった。

記事の書き出しも「心中など企吊る輩は碌な者ではないのは当然」などという表現になっている。

さらに、たしかに珍奇な事件ではあるが、人が死んでいる事件である。にもかかわらず、**「莫迦《ばか》らしき話しならずや」**とまで見下げている。

生身の女性を道連れにしたわけではないのだから、そこまで言わなくともよいのではなかろうかと感じる。

当時、人々の間にどのような認識があったのかは筆者は愚鈍にしてよく把握していないが、少なくとも新聞などの一部のメディアは、心中を「悪い行動」「醜い行為」とみなしていたと理解できよう。

それにしても、亡くなった人をあからさまに罵倒するとは、現在では考えられない感覚である。

ちなみに、こうした男女の抱き合い心中は、その後もしばしば散見される。

戦後では、昭和27（１９５２）年3月に、東京都武蔵野市の井の頭公園で東大に通う男子学生と関東学院の女学生が、降り積もった雪の中で抱き合ったまま絶命しているのが発見された。

なお、この事件については、『毎日新聞』にふたりの遺書まで掲載されている。

心中事件については、他にも、10代と思われる少女とどう見ても60代以上の老人男性が手を握り合った遺体が岸辺に流されてきたとか、セックスしたまま心中した男女が、死後硬直でつながった部分が死後も固く結合したままだったとか、そういう話が古い資料にいくつもみられる。

いずれ機会があれば、そして事件についての詳しい、信用できる資料が見つかれば、ご紹介したいものである。

三角関係の果てのダイナマイト殺人未遂

大正14（1925）年8月15日の深夜2時頃、埼玉県秩父郡中川村（現・秩父市）の集落で、突如何かが爆発するような音がとどろいた。

驚いた住民たちが音のした現場に駆けつけてみると、飲食店を兼ねた家屋の住居の一部が破壊されており、この家に住んでいた飲食店経営の女性（47）が重傷を負っていた。

被害の状況から、警察は爆発物を使った犯行であると断定。経営者一家を狙った殺人未遂事件として、捜査を開始した。

警察は事件直後から、ある男女関係のもつれが原因だろうと見ており、近隣に住む金澤らく（45）という女と関根金五郎（48）という男を取り調べていたが、ついに物的証拠が見つかった。

それをふたりに突きつけたところ、事件発生から9日後の24日、金澤と関根は一切の犯行を自供した。そして、やはり男女関係が原因となっていたことが明らかとなったのである。

事件の顛末は、以下の通りだ。

被害女性は、近隣の小鹿野町で酒造業を営むある男性と男女関係があった。ところがこの酒造業の男性は、一方で金澤とも関係を持っていた。実業家が資産にまかせて複数の愛人を持つというのは、現在でもそれほど珍しいことではない。そして、それを以前から知っていた金澤は、この事実が気に入らなかった。邪魔な被害女性を何とか排除してしまいたいと、金澤は常に思っていたのだ。女性の嫉妬や独占欲もまた、昔も今も変わらないということである。

そんな金澤がついに決断したのは、憎い女性の殺害だった。まさに「邪魔者は殺すしかない」である。そして、酒造業の男性の下請けとして働いていた関根が実行役になった。

爆彈犯人は
妾の戀爭ひ
酒造業をめぐる淺間しい
五十女の三角關係

『東京朝日新聞』
大正 14 年 8 月 26 日

金澤が話を持ちかけたのか、関根がそそのかしたのかは不明だが、新聞記事に関根が「利欲に走った」というから、金澤からカネをもらって、あるいはそういう約束で犯行を引き受けたことは間違いない。

ところが金澤という女、こともあろうに被害女性だけでなく**「一家まとめて皆殺しにして」**と関根に言いつけたようだ。

言うまでもなく、被害女性の家族はまったく関係ないのだが、関根は、金澤の指示通りに実行した。

被害女性の自宅の裏手にある塀に穴を開け、**工業用ダイナマイト2本を仕込んで爆発させた**のである。

その結果、塀と家屋の一部が吹き飛んで被害女性は負傷したものの、幸いにも死者を出すには至らなかった。

もし、関根が爆発物についての知識や経験があったならば、被害女性はもちろん、何の関係もない家族の命まで失われていた可能性もあったわけだ。

ちなみに、明治から大正にかけて、ダイナマイトを使った事件や事故は頻繁に起きていた。

当時は、いろいろなところで火薬や爆薬が使用されており、現在よりも容易に購入することもできたらしい。

それらは、軍隊などでは厳しく管理されていたものの、鉱山などで使用される薬剤は取り扱いがかなり甘く、盗まれたり、あるいは関係者によって転売されたりするケースが多かったようだ。

そうやって販売され、あるいは流出した爆薬などが、この事件のように殺人や器物破損に使用されるケースのほか、自殺や心中に使われることも少なくなかった。

例えば、ダイナマイトを懐に入れ、抱き合ったまま点火して心中を図った男女カップルの例などもある。

また、大正9（1920）年6月には兵庫県神戸市で、**50本入りのダイナマイト5箱が「落とし物です」と届けられる**事件まで起きている。

さらに、大正13（1924）年には、民家の屋根裏から袋詰めの火薬が見つかるという事件があった。

これは、どうやらその家の息子が狩猟か何かに使用するつもりで持っていた黒色火薬を、父親が中身を知らずに屋根裏に放り込んでいたらしい。なんとも物騒な話である。

元妻をどうしても取り戻したかった医者

明治21年
神奈川

医師というのは江戸に引き続き明治時代でもエリートであって、社会的なステイタスと高額の収入を得ることができた職業のひとつである。

そんな医師でも、とんでもない事件を起こすことは現在と変わらない。

横浜・石川仲町（現・横浜市中区石川町）にひとりの医師がいた。勤め先は陸軍で、肩書きは軍医補。後に規則が改正されて、軍医にも大佐や中尉といった階級が与えられるようになるが、この頃は別の呼称であり、軍医補とは肩書きとしては最下位だった。

ただし、最も位が低いといっても、軍医補は少尉に相当する、つまり下士官クラスであったわけだから、軍のなかでも相応の地位にあったと考えられる。

地位だけでなく、収入の点でも優遇されていたと思われる。明治8（1875）年に整えられた官吏の俸給では、軍の少尉クラスで月給50円となっている。

同じ公務員でも公立学校の教員の初任給が8円程度、銀行員などのエリートサラリーマンでも10円程度だったことに比べると、軍人は下士官ともなるとかなりの高給取りだったわけであり、軍医補もそれなりの給料をもらっていた可能性が高い。

人間は懐が暖かくなれば趣味や遊興に及ぶものである。この軍医補先生も、花街に通うようになった。そして、ひとりの芸者がお気に入りとなる。

そうなると、プライベートなおつき合いがしたくなるのが人情である。そこで軍医補先生、その芸者にあれこれアプローチを試みた。

ところが、何をやってもまったく相手にされなかった。おそらく、お座敷にもさんざん足を運び、かなり現金も使ったことと思われる。それでも、意中の芸者はまったく相手にしてくれない。軍医補先生は、ただ悶々とするばかりであった。

そんなことが続いていたある日、彼の勤め先で男性の遺体解剖が行われた。それを見た先生は、とんでもないことを実行した。**こっそりと遺体からペニスを切り取ると、隠して自宅に持ち帰った。そして、振り向いてくれないことへの恨み言を書いた手紙を添えると、人を使って芸者のもとに送り届けさせた**のである。

受け取った芸者が包みを開くと、中にはとんでもないブツが入っていた。当然、芸者は「いたく驚きて」、すぐにそのペニスと手紙をしかるべき所に届け出た。

ことが発覚すると、言うまでもなく大騒ぎとなった。何しろ、切断された人体の一部がいきなり無関係の女性に送りつけられたのである。ただのイタズラでは済むわけがない。しかも、送り主が署名入りで手紙も送りつけているわけだから、すでに身元も判明している。

すぐさま、軍医補先生は軍に呼び出された。釈明の余地などカケラもない。ただちに軍をクビになった。当たり前の結果である。

お払い箱になった後も、その先生はただでは済まなかった。**「芸者にしつこく言い寄った挙げ句、とんでもない物を送りつけたバカな医者」**と指差されるようになり、評判は最悪に。その世間の目に耐えられず、ついに東京を引き払った。そして、逃げるように横浜へと引っ越した。

そこまでの状況になることが、少しでも想像できなかったのだろうか。この先生、医師という以前に、人間としてかなり問題がありそうな人物である。

一般に、高度な知識や技能を持つ人や、高学歴の人に対して、人格も優れていて常識も持ち合わせていると思われがちだ。

しかし、知識や学歴は人格や常識とはまったく別のものである。高い専門知識を持っていても、とてつもない非常識な人間や、間違っても人格的に尊敬できない人物など珍しくはない。

この先生も、人間としてちょっとダメな部類だったようだ。彼は横浜に移ってからも医師の仕事をしていたが、そこでも女性がらみのトラブルを何度も起こしていたらしい。

それは、どうやら女性に対して目に余る行動を繰り返していたようで、挙げ句は、近隣の女性たちからは「あの先生の診察だけはまっぴらゴメン」と言われるほどだった。

その詳細はよくわからないが、この先生の行動などから推測すると、おそらく診察とは関係ないような、女性の嫌がる行為を繰り返していたのではなかろうかと考えられる。

ともかく、そうした悪評が広がり、受診に訪れる患者は激減。おまけに同業者たちからも嫌われる有様になったという。

だが、世の中には奇特な人がいるものである。知人のひとりが手を尽くして、この先生、生糸問屋を経営する資産家の娘さんである、藤という17歳の美人とその年の1月に結婚する運びとなった。

このままでは彼がダメになると思っての配慮なのか、あるいは、この先生を暴走させたままでは周囲も迷惑だったことから、結婚させれば落ち着くだろうという考えによるものだったのかもしれない。

ところが、結婚してからも先生のダメぶりは治らなかった。

子どもならまだしも、成人した人間の性格は簡単には変わらないことが多い。相変わらず来院してくる女性に対しては迷惑行為の連発だったというから、困ったものである。

さらにこの先生、性欲だけでなく金銭に関しても貪欲だったらしく、**結婚当初からお藤さんの実家にしつこくカネを要求する**有様。お嫁さんの両親もやや失望したものの、まだ結婚して日も浅いため、しばらく様子を見ようということになった。

それからほどなく、料亭を借りてふたりの結婚披露宴を開くこととなった。

披露宴当日、親類や知人など招待された客が次々にやってきたが、先生の同業者で周囲から評判のよい人物はひとりも来ない。

ではどんな者が来たかというと、会場に入るなり祝辞のひとつも言うわけでもなく、いきなり飲み食いしては酔って騒いだり大声で歌ったり、挙げ句はその後に寝転がってわめき散らすような連中ばかりだった。

これにはお藤さんの両親ばかりか親戚の者たちも驚いた。先生の人望のなさが明らかになったわけである。そして「こんな男とこれからも一緒では、後が思いやられる」と、娘にしきりに離婚を勧めた。

しかし、世間体を考えたのだろうか、お藤さんはこの両親や親戚たちの勧めを拒否。またもしばらく様子を見ようということになったものの、またしても先生は相変わらずの色と欲に目がない乱行の日々だった。

「この男は、やっぱりダメだ」

そう判断した両親は、8月中旬に先生に対して、娘を連れ帰ることと離縁することを伝えた。つまり、強制的な離婚である。こうしてわずか半年ちょっとの結婚生活は終了することとなった。

お藤さんが実家に帰るという時、先生は脅すような口調で彼女に言った。

「お前をいったん帰すけれど、4、5日したらすきを見て戻ってくるように。そうすれば、あのご両親の無慈悲な心も変わるというものだろう」

そして先生、彼女が戻ってくるのを待っていた。だが、3日経ち7日が過ぎ、半月が過ぎても彼女が帰ってくることはなかった。

待ちくたびれた先生は、お藤あてに手紙を書くと、容器に入れて密封し出入りの魚屋さんに「これを嫁の実家に届けるように」と言いつけた。

だが、魚屋さんは先生がどんな人物かということや、これまでの経緯をちゃんと知っていた。手紙の中身も、だいたい予想がついた。

（よりを戻すのは無理だろう）

そう思った魚屋さんは、手紙を届けることをかたく拒絶した。そこで困った先生は、ある知り合いの女性に手紙を持たせて、お藤さんの実家に届けさせた。

その実家では、何とお嫁さんは土蔵の中に閉じ込められ、常に母親が監視するという生活を強いられていた。いわばお藤さんは被害者なのだが、実際にはこういう行いが容認されていたらしい。

そんな状況のなか、何が間違ったのか先生がお藤さんあてに送った手紙が母親に手渡されてしまった。そこで両親が開けて読んでみると、そこには両親の悪口をさんざん並べた上に、どんな危険を犯してでも実家を抜け出して戻って来いという指図が書きなぐってあった。

これを見た両親は激怒し、先生に激しく抗議した。

先生が驚いたのは言うまでもない。お藤が戻ってくると思って待っていたら、怖い両親が怒鳴り込んできたのである。もともと小心者の先生は、平身低頭しながら謝罪した。だが、その程度で両親の怒りは収まらなかった。そのため、彼は手を変え品を変えて、あれこれ手を尽くして詫びを入れた。そうした努力で、ようやく事態は収拾した。

何とかひと息ついた先生は、「なぜ、嫁に送った手紙を両親が手にしたのか」と首をかしげた。そして、「さては、魚屋のヤツがあの両親に告げ口したに違いない」と決めつけた。キチンと調べることもせず、状況や事態を確認することもなしに、一方的な憶測や思い込みだけで「こうに決まっている」と断定するのは、頭の悪い人たちがよくやることである。

とにかく、そう思いこんだ先生は、ただちに魚屋さんの自宅への出入りを禁止した。しかし、それだけではどうにも気がおさまらない。怒りが晴れない先生は、知り合いの県会議員をはじめとして、あらゆる知人や関係者に手を回し、「今後はあの魚屋からは買わないように」と言いふらした。

その結果、魚屋さんの取引先が激減。これに怒った魚屋さんは、県会議員の妾宅、つまり愛人の住まいで大ゲンカをするまでになった。

ちなみに、この明治時代には、ある程度の地位や資産がある男性が妾つまり愛人女性を囲うことは珍しくなかったことが、いろいろな資料で伝えられている。なかには、妾を囲うことが社会的なステイタスであったかのようにいう文章も見かけるが、真偽の程はよくわからない。

明治3年に制定された「新律綱領」という法令では、妾について「2親等とする」などと定められており、妾として籍を入れることも認められていた。この制度は明治13（1877）年に新たに刑法が制定され、「新律綱領」が廃止されるまで続いた。

つまり、入籍というくらいであるから、公然の事実だったわけである。したがって、妾というのは愛人ではあるものの、現在の不倫関係のように裏で隠れて行うようなものではない。家族はもちろん、世間の人もその存在をちゃんと知っていた。「あの社長さんには、本妻のほかにお妾さんが3人いる」というように、だれもが承知していたのだ。

だからこの件でも魚屋さんはお妾の住まいに急行することができたわけである。このケンカ騒ぎは、仲裁する人があらわれて何とかおさまった。

その一方で、先生のほうはまだ気が済まなかった。なんとかお藤さんを呼び戻したい。そのため再び手紙を送ることにしたが、今回は確実に彼女自身の手に届けたい。

そこで、ひとりの女性をアルバイトとして雇い、手紙を仕込んだゴムまりを手渡すと、彼女に**「密書手渡し委員」**なるものを命じた。そして、お藤が通う銭湯に張り込ませ、彼女が来たら直接手渡すように指示した。

密書手渡し委員とは、なんとも大げさである。おそらく、「大切な書類なので心するように」などと言って、バイト代もそれなりの金額を示したのではないかと思われる。

先生から指令を受けた密書委員、いや女性アルバイトは、指定された銭湯に潜入すると、昼夜を問わずお藤さんがくるのを待った。当時、浴室のある住宅はほとんどなかった。庶民はもちろん資産家であっても、銭湯を利用するのが一般的だったのである。

ところが、お藤さんが銭湯に来る際には、必ず母親が一緒だった。そのため、なかなか手紙入りのゴムまりを渡すことができない。

そうして何日も経つうち、辛抱できなくなった女性アルバイトは無理にでもお藤さんにゴムまりを渡そうと、浴室の中で彼女に視線を送り、あるいは手振りで合図するなどしてゴムまりを受け取るよう働きかけた。

しかし、かえってお藤さんはアルバイトの挙動不審を警戒し、隣にいた母親に「怪しい女の人が……」と告げた。それを聞いた母親は、驚いて女性アルバイトを捕まえて問い詰めた。

最初のうちこそ口を閉ざしていた彼女も、母親の厳しい追及に隠し切れないと思い、かの医者から頼まれたことなど一切を白状した。

それを聞いたお藤さんと母親は、先生の執念深さに驚くとともにつくづくあきれ果てた。そして、このままではまた何をしでかすかわからないと、先生を裁判に訴える準備を始めた。

この話を伝え聞いた先生は、例によって小心者ゆえにおおいにあわてふためいた。そして、知人を間に立てて「本当に申し訳ない」と謝罪。どうか告訴だけは勘弁してほしいと頼み込んだ。

すると、そこまで謝るのであればと、お藤さんと両親は、今回は裁判沙汰だけはやめるということになった。

その後、先生はさすがにおとなしくはなったようだが、いまだにお藤さんのことが忘れられず、ついに体調を崩して床についてしまったという。そこまで彼女に執心だったのであれば、どうしてもっと反省しなかったのかと思えるが、まあ、そういう人物なのだから仕方がない。

このエピソードは、明治21（1888）年12月28日ならびに29日の『東京朝日新聞』に、「医者の恋煩い」と題して2回にわたって連載されたものである。

当時はまだ、週刊誌もスポーツ新聞も夕刊紙もない時代である。こういう**ゴシップ記事が、『朝日』や『毎日』といった天下の大新聞にしばしば掲載されていた**のである。よく探せば、より面白い、より奇抜な記事も数多く見つかるに違いない。

借金チャラの条件は「女房を2年貸せ」

明治41年 茨城

茨城県行方郡秋津村（現・鉾田市の西部）に住む根本又蔵（38）は、同じ村に住む高野とら（42）と不倫の仲となり、夜な夜な関係を続けていた。

そして明治41（1908）年4月24日の夜、ふたりはセックスした後で一緒に酒を飲んでいると、とらの夫である高野丑太郎が怒鳴り込んできた。

「貴様、俺の女房に何をするか！」

怒り心頭の丑太郎は、又蔵をボコボコに殴りつけて、とらをつれて帰ってしまった。すると翌日、又蔵が丑太郎の家にやって来てこう迫った。

「実は自分はとらに45円50銭のカネを貸している。とらを連れ戻すのであれば、すぐに貸したこのカネを返していただきたい」

この当時の45円50銭といえば、現在なら50万～100万円くらいの価値にはなるだろう。

つまり、丑太郎は不倫の被害者から多額の借金を背負う妻を持つ債務者に転落してしまったわけである。そしてもちろん、丑太郎にそんな大金を返せるあてはない。

又蔵は、丑太郎に対してさらに追い討ちをかけた。

「もしこの場ですぐに返さないというのなら、ウチの若い衆を80人くらいつれて談判するつもりだ。それでいいんだな？」

これを聞いて、丑太郎はますますあわてた。多勢に押しかけられたら、もうどうしようもない。そんな丑太郎の様子を見て、又蔵が耳打ちした。

「まあ、ひとつ相談ですけれど、女房のおとらさんを2年間、私に貸してはくださりませんか？　それで、借金はなかったこと、チャラにしようじゃありませんか」

もはや丑太郎に選択の余地はなく、ただただ又蔵の言う通りにするしかなかった。

しかも、この「とらを又蔵に2年間貸す」という内容の契約書を、なんと又蔵は**丑太郎ととらの息子の皆作（18）に作らせた**のである。

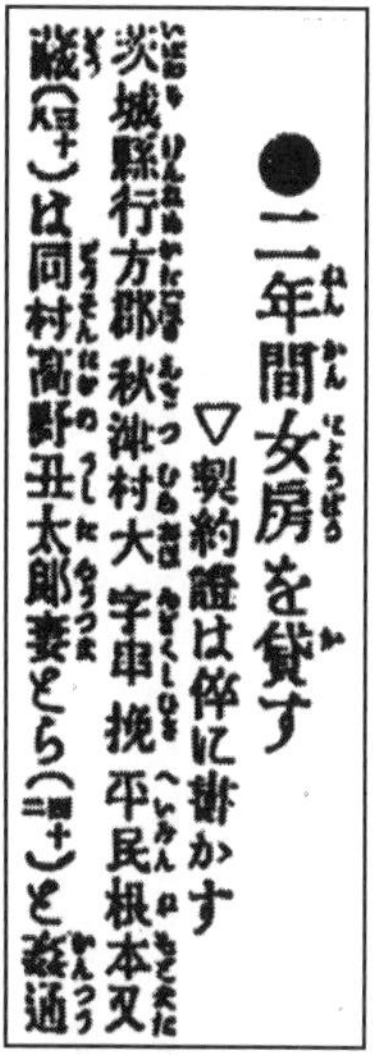
●二年《ねん》間《かん》女房《にようばう》を貸《か》す　▽契約證は倅に書かす

茨城縣行方郡秋津村大字串挽平民《へいみん》根本又藏（四十）は同村高野丑太郎妻とら（二十）と姦通《かんつう》

『東京朝日新聞』
明治41年9月4日

「よし。これで奥さんは私のところで2年間、お預かりするということでよろしいですね」

しかし、結局は又蔵の思い通りにはならなかった。

息子の皆作が「実の母親を他

人に貸す契約書を作らせるなんて酷い」と土浦警察署に相談したからである。

皆作の相談を受けた警察は捜査を開始。その結果、又蔵ととらが検挙された。

どうやら、**ふたりは最初から丑太郎からカネを巻き上げるつもりで共謀していたらしい。**

そして、その年の8月25日、又蔵に重禁固1年と罰金8円、とらに重禁固8ヶ月の有罪判決が言い渡された。

なお、この判決に、又蔵ととらの両名は控訴したというが、その顛末は不明である。

ともかく、借金のカタに「お前の女房を2年貸せ」とは、明治時代でも突飛な事件だったことであろう。

ちなみに、現在ではたとえ配偶者に借金があったとしても、妻や夫というだけであれば返済の義務は一切ない。支払わなくてはならないとしたら、ローン契約とは別に連帯保証人などの契約が成立しているような場合だけである。親子や兄弟姉妹、夫婦などであっても、借金の返済は本人だけにしか請求できない。これは、貸金業の常識である。

ところが、ほんの十数年前まで、つまり平成の初め頃までは家族に対して「代わりに払ってください」などと平気で請求したものである。

これは、第三者請求という明確な違法行為だ。しかも、ヤミ金などの違法業者の話ではない。カード会社や消費者金融などの、正規に認められた貸金業者がそういう違法行為を公然と行っていたのである。

特に酷かったのが流通系のカード会社各社で、「電話で『居留守を使うんじゃないよ！』と怒鳴られた」などの経験をした人は少なくない。筆者も、何人もの利用者からそうした話を聞いた事がある。

現在では、さすがに第三者請求などをする業者は見かけなくなった。滞納した場合の電話での催促でも、必ず「ご本人ですか」と確認する。本人以外であれば、たとえ家族であっても請求するようなことはない。第三者請求をしただけで、ただちに監督官庁による処分の対象となるからである。

勤め先の夫人を襲い自ら睾丸を切った少年
大正10年
愛知

大正10（１９２１）年8月15日未明、名古屋市中区の着物職人が帰宅すると、家の中で火の手が上がっており、しかも、妻のきく（37）と住み込みで働いていた利八（17）のふたりが血まみれで倒れていた。

驚いた主人はすぐに通報。火事は蚊帳を焼いた程度で消し止められ、負傷したふたりは病院へと収容された。

その後の調べで、事件は利八がきくに情交を迫って失敗し、自殺を図ったものと判明した。

三重県出身の利八は幼少から早熟で、職人宅で働くようになってからは活動写真、すなわち映画をよく見るようになり、その影響でますます刺激を受けて、遊郭にもしばしば出入りするようになった。

そして事件当日の14日、利八が映画を見て夜半に帰宅すると、主人である職人は留守で、夫人のきくはすでに就寝していた。

そのきくは37歳の女ざかりで、しかも近所でも評判の美人である。

映画で気分が高揚していたか、あるいはそうでなくとも、17歳の男といえば性欲は最も旺盛な時期である。この状況に欲情がこみ上げてきた利八は、きくに情交を迫った。真夏のことで、蚊帳を吊って眠っている彼女に、おそらく無理やり抱きつくか何かしようとしたのだろう。

しかし、当然ながらきくはこれを激しく拒絶。もしかしたら、きつく叱責したのかもしれない。

一方、利八は突き上げてくる性欲が満たされないいらだちと、きくの態度で興奮と怒りが暴走してしまったのだろう。家の中にあった、**仕事に使用する小刀できくに襲い掛かった**のである。

利八は、蚊帳ごしに彼女の頭や喉、背中など数箇所を切りつけた。

だが、血だらけになったきくと小刀を見て、自分のしたことの重大さに気づいた利八は、「もうダメだ」と絶望して自殺を図った。そして、きくを切りつけた小刀を自分の腹部に突き刺した。

ただしそれだけではない。こともあろうに利八は、自分の下腹部に小刀を当てると、**睾丸を切り取った**というのである。

利八がなぜ、そんなことをしたかはよく分からない。興奮のあまり混乱していたか、あるいは自分の性欲の強さに罪悪感を覚えたのかもしれない。

それでも死にきれなかった利八は、続いて3階に上がり、首を吊って自殺しようとした。だが、下半身の痛みで首を吊ることはできなかった。

そこで、いっそ家ごと燃やしてしまおうと考え、提灯に火をつけると傷口を押さえながら居間に戻り、蚊帳に火をつけた。

そのとき、主人が外出先から帰宅。家中の異常に驚いて通報し、事件が発覚したというわけである。


新聞記事では利八が映画に刺激されて不良になったかのように書いているが、健康な10代男子ならば、性欲旺盛なのは当然だと言える。

したがって、17歳の少年が帰宅するというのに、美貌の人妻が無防備で眠っているというのは、実に危険な状況だと言わざるを得ない。

暴走する性欲がさまざまな事件を引き起こすことは、事件史では頻繁に見かけることである。

明治・大正の新聞にも、10代少年によるレイプ事件やレイプ未遂事件は少なくない。くれぐれも「まだ子どもだから」などと、甘く見てはならないのではなかろうか。

娼妓を身請けしたまではよかったが…
明治22年
東京

　この章の最初に、不倫の末に人妻を「激安分割払いで買った」というエピソードを紹介したが、探せば似たような話は見つかるものである。

　東京・八丁堀岡崎町（現・中央区八丁堀）に住む鍛冶職人の勘太郎（31）は、遊郭に勤める娼妓の雛扇（24・本名：おきん）と長年の馴染みだったが、次第に彼女をひとり占めしたくなっていった。

　そして、ことあるごとに彼女の前借の残高を聞いてみたところ、だいたい60円くらいであるという。現在の価値に直すと、およそ60万～１００万円程度といったところだろう。なかなかの大金である。

　勘太郎にとっても大金だったが、どうにもならないというほどではない。

「ここは男の見せどころだ」とばかりに奮起した勘太郎は、職人の親分株になっている人物の所に出かけると、「一期の浮沈安危存亡の次第」と泣きついて借金を頼んだ。

　ずいぶんと大げさな表現で、要するに、「人生で生きるか死ぬかの一大事」といったニュアンスである。

そこまで言われては、親分さんも断るのは忍びないと思ったのだろうか、毎月３円ずつ、20回払いで返済する約束で勘太郎に60円を貸した。

現金を受け取った勘太郎は、さっそく遊郭に駆けつけて雛扇を身請けした。

そして、おきんに戻った彼女を自宅につれて帰り、夫婦としての一応の決まりを整えた。これが、明治21（１８８８）年5月のことだった。

その後、勘太郎は親分との約束通り、毎月３円の借金をキチンと返済していったので、これでめでたしと思われたが、話はそう簡単には運ばなかった。

翌年の明治22（１８８９）年12月、ようやく借金も完済するという頃になって、女房のおきんが、突然とんでもないことを言い出した。

「実はかねてから、遊郭にある台屋のある男と今年の12月から夫婦になる約束をしています」

そして家を飛び出すと、彼女はその男のもとに転がりこみ、「梃子でも動かぬ」という決心だというのである。ちなみに、「台屋」とは遊郭などで料理を提供する店のこと、いわゆる仕出屋さんである。

これには勘太郎も真っ赤になって激怒し、おきんに対して談判の手続きを取っているとの噂――というところで記事は終わっている。

この話、いくつかの推測ができるだろう。例えば、すでに雛扇だったころから彼女は台屋の男と約束が成立していて、一方的に言い寄ってきた勘太郎は体よく利用されただけだったということ。

だが、すぐに台屋の男のところに行くと身請けの60円を請求される可能性があったので、1年8ヶ月、じっと辛抱していたという見方だ。

あるいは、身請けされたものの勘太郎とは合わないと感じたおきんは、知り合いだった台屋の男性のところに逃げ込んだのかも知れない。

ただ、いずれもあくまで憶測なので、はたして真相がどうなのかは分からない。

この事件では、勘太郎はかなり高い授業料を払ったというべきか。

そして、借金を返済できたというのは、まだよかったと言えなくもない。奥さんに逃げられ、そのうえに借金まで残っていたとしたらなお悲劇だからである。

事件当時、阿部定は「人気者」だった？

戦前の日本で起きた男女関係や愛欲がらみの事件には、特筆すべきものが少なくない。

たとえば、明治9（1876）年には犯罪史上有名であるものの実像と虚像の差が激しい「高橋お伝事件」や、いわゆる『デバカメ』の語源ともなった明治41（1908）年に起きた「出歯亀事件」や、内縁関係のもつれから幼女を含む10人が惨殺された「河内10人斬り事件」など。

大正時代になると、13（1924）年では少女ばかりを狙い、被害者のうち6人を殺害して『稀代の凶漢』と呼ばれた「吹上佐太郎連続レイプ殺人事件」。そして昭和では、7（1932）年には『天国に結ぶ恋』のモデルに担ぎ上げられた「坂田山心中事件」や内縁関係にあった男を女性とその家族が殺害した「玉の井バラバラ殺人事件」、そして昭和15（1940）年には妻とその妹ふたりとの乱れた性関係の後に妻と下の妹を殺害した「平木事件」など、いずれも注目に値する事件ばかりである。

ただし、本書ではページ数に限りがあるため、残念ながらそのすべてを紹介することができない。そこで、戦前における男女関係がらみの事件のなかから、最も特色のある事例のひとつであると考えられる**「阿部定事件」**を取り上げてみたい。

事件は昭和11（1936）年に起きた。5月18日の月曜日、東京・荒川区尾久にある待合「満佐喜」で、1週間前から宿泊していた男女のうち、男性が遺体となって発見された。待合とは現在のラブホテルのような形態である。

その日の朝、朝食の時間が過ぎても男性がなかなか起きてこないのを不審に思った従業員が、午後2時55分頃に様子を見に行ったところ、布団の中で死んでいる男性を見つけた。

殺害されたのは、中野区の料理店「吉田屋」を営む石田吉蔵さん（42）と判明した。死因は絞殺で、発見された時、遺体の顔にはタオルが掛けられ、首には凶器とみられる腰ひもが巻きついていた。

そして、何より異様だったのは遺体とその周囲だった。まず、遺体の左の太ももには血で「定吉二人」と記され、左腕には「定」の文字が刃物のようなもので刻み付けられていた。

さらにシーツにも、やはり血で「定吉二人きり」と書かれていた。シーツに書かれた字は「二寸角大」というから、一字当たりおよそ6センチ四方の大きさだった。

何より異常だったのは、**遺体からは刃物のようなもので男性器が根元から陰のうごと切り取られていた**ことである。この異常としか感じられない事態は、事件の最大の特徴として、永く語り伝えられることになる。

警察は、石田さんと宿泊していて、事件発覚の早朝に立ち去った阿部定（31）を犯人と断定。ただちにその行方を追った。

大手新聞各紙は、「怪奇殺人」「猟奇殺人」などと見出しをつけてこの事件を大きく報じた。

定は田中かよという偽名を使い、同じ年の2月から吉田屋の従業員として働くようになった。そして、ほどなく主人の石田さんと男女関係になったらしい。石田さんは妻がありながら次々に他の女性との関係を繰り返していた。また、定も多情な女性だった。そんなふたりが不倫関係になるのに、そう時間はかからなかったのだろう。

そして、ふたりは頻繁に待合に出入りするようになる。その様子は「二人は妬けるほど仲がよかった」（待合の従業員）という。その様子を新聞は「爛れた痴情生活」「金づかいの荒い女」などと紹介した。犯行の動機についても、「嫉妬の無理心中か」などと報じた。

翌日20日の新聞は、定の足取りについての記事が大きく掲載された。記事には「妖婦〝血文字の定〟」「巧みに捜査網を潜る」「いずこに彷徨う」「周到な逃げ足」などといった見出しがつけられ、あたかも警察の手をかわして逃亡を続けているか、または慎重に人目を避けて潜伏しているかのように報じられた。

　あわせて「目撃情報」も飛び交った。銀座で「美容院に現れた美女」がいると噂されれば、神田駅では警官が駅に戻ろうとした女性を職務質問。「お定か！」と人だかりができるが、まったくの別人。こうした誤認は何件も起こったらしい。そのたびに現場は騒然となり、すぐに人違いとわかって人々を安心、または落胆させた。

巧に捜査網を潜る

いづこに彷徨ふ？

妖婦〝血文字の定〟

情報刻々到り検察陣緊張

紅燈街の猟奇殺人

『東京朝日新聞』昭和 11 年 5 月 20 日

　警察も次々と寄せられる情報に走り回った。「犯人が東京駅に立ち寄ったらしい」との電話があれば、東京駅に私服警官20名以上が動員されたものの、ほどなく誤報と判明し呼び戻された。タクシーの運転士から「日本橋で犯人らしき女性を乗せた」との通報に、また私服警官10名が現場に急行する、といったことの繰り返しだったという。

また、「すでに定は遠方に逃げた」との説も出ていた。そのため、事件の翌々日には大阪の天王寺でも目撃情報が続いた。

しかし、事件発覚から2日後の5月20日夕方5時半過ぎ、定はあっさりと逮捕される。国電（現・JR）品川駅前の旅館「品川館」に偽名を使って滞在していたところを、警視庁高輪署員によって身柄を確保されたのである。

石田さんを殺害後、18日の朝8時頃に「満佐喜」を出た定は、日本橋で名古屋市の市会議員で中京商業学校（現・中京大学附属中京高校）の校長である大宮五郎氏（49）と会った。

定は石田さんの元で働く前は名古屋で芸者をしていたことがあり、その際に大宮氏と男女の関係になっていた。大宮氏には定のほうから手紙を出して、その日に会う約束をしていた。

そして、11時半頃に日本橋のそば店「巴屋」で定だけが天丼を食べてから、ふたりで巣鴨の旅館に入る。午後1時頃に旅館を出たふたりはタクシーに乗ると、本郷で大宮氏が用事のために下車する。

定はそのままタクシーで新橋に向かうと、古着店や下駄店などで買い物をし、喫茶店や公園などを回った後で浅草まで行き旅館に泊まった。

翌朝19日、新聞で自分が殺人犯として追われているのを知る。だが、定はそのままふらふらと歩いて銀座まで行き、タクシーに乗って品川で降りる。この時、すでに午後4時を過ぎていた。

それから品川駅で大阪までの乗車券を買うが、列車には乗らなかった。そして夕方5時半頃、駅前の旅館「品川館」にチェックインした。

定が来た際、品川館の従業員たちは「世間を騒がせている事件の犯人では」と怪しんだという。だが、新聞などで報じられている服装や雰囲気と違っていたことや、流暢な関西弁を使っていたことなどから、定ではないと思ったらしい。翌日、高輪署の刑事部長、安藤松吉氏（43）が聞き込みに訪れたが、従業員たちは自信がなかったため何も告げなかったらしい。

この安藤刑事、「定は都内に潜伏しているはず」と推測、品川駅周辺を入念に調べていた。そして、念のためと1時間ほど経ってから、再び品川館を訪れて宿帳を確認した。夕方の5時頃のことである。

すると、「大和田直」という、男か女か判断しがたい記名がある。そこで従業員に聞いてみると、「実は怪しい女性の方で」と言う。

そこで、従業員に案内させてその「大和田直」の部屋に行ってみると、寝巻姿で眼帯をした女がそこにいた。

その姿を見た安藤刑事は、外見がやや違うことや、警察だと告げても何ら動揺しないことから、最初は「違うかな」と思ったらしい。

だが、「(宿帳に書いた名は)偽名だろう」などと問いかけ、まだ夕方だというのに寝巻を着ているのはおかしいなどとたたみかけていると、彼女のほうから**「実はお尋ね者の阿部定です」と平然として言った**という。

あまりに平然と言うので、安藤刑事は冗談かと思ったらしい。

しかし、彼女の所持品のなかから、犯行に使ったとみられる包丁や、石田さんのものとみられるシャツなどの衣服、さらに「遺体から切断した人体の一部」を包んだ紙包が発見されたため、事件の犯人・阿部定として身柄を拘束された。

そして、世間と警察は「切断した男性器」に注目した。警察は犯行後に捨てられたものと考え、犯行現場やその周辺をくまなく捜索した。しかし、どんなに懸命に探しても、切り取られたペニスは見つからなかった。

見つからないはずである。**切断した男性器を定はハトロン紙に包んでずっと持ち歩いていた**のである。

宿泊中の定は、挙動になんら怪しいところもなく、つねにとても落ち着いた様子だったという。**宿泊初日は新聞を読みながら「昨日は大した事件があったんですね」など と仲居さんに話しかけ、夕食にはおでんや刺身をつまみにビールをおいしそうに飲ん**

妖婦お定遂に就縛

品川驛前の旅館に
高飛びもせず潜伏
大和田直と僞名した
獵奇殺人 女主人公

〝添はれる仲でなし〟
寝顔みつゝ殺害
〝愛するが故に〟と自白

『東京朝日新聞』昭和11年5月21日

だと品川館の従業員たちは語った。

　定は高輪署に連行され、取り調べの後に捜査本部のある尾久署に移されることとなった。

　高輪署から定が移される日には、彼女をひと目見ようと尾久署の回りに人々が殺到した。あたりを埋め尽くす群集に、周辺の道路はマヒ状態。すぐ脇を通る路面電車も、線路を人々がふさいで運行できなくなるほどの有様だったという。

　この時の路面電車とは、王子電気軌道が運営する電車で、地元では「王子電車」「王電」などと呼ばれていた。当時の様子を記述した資料には、「やじ馬で王電が停まった」などと伝えているものもある。

ちなみに、後に東京都が王子電気軌道から線路のみを買い取って運行している路面電車が、現在の都電荒川線である。

なお、定が連行された尾久署は、現在も警視庁尾久警察署として同じ荒川区西尾久3丁目にある。同署の最寄り駅は都電荒川線「宮ノ前」である。

定の逮捕によって、報道はさらに過熱した。5月21日付の『報知新聞』は、社会面5段組という異例のスペースで報じ、同日の『東京朝日新聞』11面も、紙面のほとんどが定の逮捕についての記事で占められた。同じ日の陸軍航空イベントや大相撲夏場所は、片隅に追いやられて小さく掲載されるのみだった。

そして、さらに注目すべきは犯行の動機である。

警察に護送された定に、翌日の21日午後1時から地下の取調室で本格的な取り調べが始まった。その際、定は「重罪事件の犯人とは思えぬ態度で終始笑をたたえながら」、歯切れのよい口調で犯行について話したという。

そして、殺害の動機は「好きで好きでたまらないからよ」と答え、殺害された石田さんも、抵抗することもなく、死ぬ間際に彼女の呼び名だった「おかよー！」と叫んだだけだったと答えた。

つまり、好きだから、愛しているから、どこにも行くことができないように殺害したというのである。

当初、石田さんの所持金目当てに殺害したとか、大宮校長との三角関係を解消するための犯行だとか、石田さんにほかに女性がいることから嫉妬による無理心中だとかいう説がマスコミをにぎわせたが、それらすべてを定はきっぱり否定した。

また、切断した男性器を持ち歩いたことについても、**「一番かわいい大事なもの」**だからと即座に答えた。

さらに「犯行を悔いる気持ちはないのか」という問いかけにも、「さっぱりした良い気分です。死刑でも何でもいいから、早く処分してくださいな」と、笑いながら言った。

そうした定の様子に、取り調べを担当した警視庁の浦川課長や吉田主任警部らは唖然とするばかりだった。

その定の態度を、新聞は「凄い妖婦ぶり」「傍若無人の妖女」などと報道した。

このように、「不倫相手を殺害し、その性器を切断して持参しながら逃亡、警察の取り調べにも堂々と応じる」などと報じられれば、さぞかし稀代の悪女・毒婦と世間からバッシングされたと思われるかもしれない。実際、そう思った人も少なくなかっただろう。

たしかに定の犯行は、凶悪かつ異常である。男性を殺害した上に、性器を根こそぎ切り取って持ち歩いた。まさに猟奇的な凶悪殺人事件である。

ところが、**世間は定に対して好意的な方向に傾いた。**

まず、事件の舞台となった待合「満佐喜」や定が滞在した「品川館」が、一躍注目を集めることとなった。

事件現場になった場所や施設は、噂になるものである。だが、満佐喜も品川館も、利用者が激増し大繁盛となったのである。

満佐喜は事件のあった部屋に、定と死んだ石田さんの写真を飾り、ふたりが使ったドテラや、定が読んだとされる雑誌『主婦之友』を置くなど、あたかも特別室のように仕立て上げた。

通常、殺人事件のあった客室など嫌がられるのが当たり前である。ところが、満佐喜のこの部屋はまったく逆で、わざわざその部屋を指名する客が後を絶たなかったらしい。

満佐喜だけでなく、その地区つまり尾久三業地も利用客が増加。尾久の芸者衆や料理店などは、定を「福の神」「お定さまさま」などと奉ったと伝えられる。

品川館も同様で、定が泊まっていた部屋をそのまま保存。布団や水差しなどをはじめ、頭の脂でしみのついた枕や、しわだらけのシーツ、湯飲みなどにいちいち「お定が使用したもの」という札までつけて、あたかも「阿部定事件記念館」のようにしていた。

そして、**同館の主人は訪れる客に対して、事件を報じた新聞記事のスクラップブックを片手に、逮捕時の様子を再現するようにアナウンスした**という。

また、逃走中に立ち寄った新橋の古着店には、定の売った着物を「ひと目でいいから見たい」「是非売ってくれ」という客が押し寄せた。

さらに事件後、「切ります」「切らせていただきます」という言葉が流行した。

まさに「お定さん」ブームである。

ブームの影には、まず当時の世相が深く影響しているだろう。事件の3ヶ月前には、陸軍の青年将校による軍事クーデター、いわゆる二・二六事件が起きていた。さらに世間では不況で失業や自殺が深刻な社会問題となっており、貧しさのために満足に食事すらとることのできない「欠食児童」が全国で20万人、冷害による凶作から農村部の生活が窮迫し、子女を身売りするケースは5万人を超えたなどの調査結果も出ていた。女性の身売りに関しては、国が防止策について全国の自治体に通達するほどだった。

こうした暗く厳しい世相のなかで、政治や戦争とはまったく関係のない、しかもカネや憎しみではなく「愛欲のための殺人」という事件を、世間は一種のカタルシスをもって迎えたという一面があったようだ。経済学者で日本芸術院院長も務めた高橋誠一郎氏も、「猟奇事件というよりも、むしろホッとした思いで」連日の報道記事を読んだというエピソードを、下川耿史氏が『昭和性相史』のなかで紹介している。

阿部定事件というと、性器切断ということで記憶している人が多い。この点を取り上げて、「前代未聞の事件」などとする資料もある。

しかし、実際には、殺害の後に性器を切り取ったという事件はこれが最初ではない。明治19（1886）年1月、35歳の女性が女癖の悪い夫のペニスを切断し警察に自首する事件が起きているし、明治43（1910）年、千葉県で53歳の男性が、眼球と睾丸がえぐり取られた遺体で発見されている。

女性によるペニス切断事件については、桑原稲敏氏によって『19人の阿部定』（現代書林）という著書にまとめられている。

ほかにも、男性女性を問わず女性の乳房や性器を切り取ったというような事件は数多い。

そうした性器切り取りや遺体損壊の事件は、憎しみや嫉妬、証拠隠滅、異常性欲などによるものがほとんどである。

だが、定の犯行動機はいずれでもない。相手が憎いわけでもなければ、金目当てでもない。ただ、好きだからという理由、愛情が高じての犯行だった。

そして、身柄確保の際も、刑事がたじろぐほどの潔さである。「女性は、これほど愛情に身を投じることができるのか」と思わせるほどだった。

その点に、世間が、庶民が注目したことは十分に考えられる。

いかに暗い空気、不安と絶望が世間に蔓延していたとしても、単なる猟奇的な事件が世間に支持されるはずなどない。

だから、世間が共感したのは、その異常とも言える犯行そのものではない。定という女性の愛情の深さであろう。

作家の坂口安吾も、「阿部定さんの印象」という文章の中で、「お定さんには、どこにも変質的な、特別なところはなくて、痛々しく可憐であるばかりである」「はじめて好きな人に好かれることができた、二人だけの世界、思い余り、思いきる、むしろそこまで一人の男を思いつめたお定さんに同情すべきのみではないか」と書いている。

その後も、この事件と定はいろいろな小説や劇、映画などに取り上げられた。映画監督、大島渚の『愛のコリーダ』は特に有名だ。

定の第一回公判は、この年の11月25日に東京地裁で行われた。１２０枚の傍聴席に対して、１８０人が行列を作った。

そして、12月21日、定は懲役6年を言い渡される。控訴せずにそのまま刑が確定し服役した。だが、その4年後には皇紀２６００年の恩赦によって減刑を受けて出所する。

その後、料亭や旅館などに勤めたり、飲食店を営んだりしたというが、いつしか消息不明。現在も、生死を含めて、定の詳細についてはまったく明らかになっていない。

コラム②
裸に対する過剰な取り締まり

明治時代、新しく発足した政府が最も力を入れたのは、日本を近代化させることだった。

ところが、その「近代化」とは、要するに欧米に追いつけ追い越せという追従であり、そのため欧米の目から見た「前近代的なもの」を徹底的に排除することが推し進められた。

そのひとつの暴走が「裸の禁止」である。

幕末、アメリカやフランスなど欧米の列強が次々に日本にやってきたが、彼らの中には日本の庶民が公共の場でも公然と裸体をさらすケースが多いことを指摘し、キリスト教的な道徳観念から問題視する意見を述べることもあったようだ。

これに明治新政府が過敏に反応する。そして、「近代化のためには、人前での裸を禁止」という施策を進めることになる。

しかし、何も当時の日本人が、いきなり往来で全裸になったりしたわけではない。肉体労働に従事する人が暑さから上半身だけ脱いで仕事をすることもあるように、ただいくらか多く肌をさらす程度である。

ところが、そうした「裸」でも警官が容赦なく検挙したというから、過剰な干渉としか言いようがない。

まして、女性なら人前で衣服を脱いだりすることなどあるわけがない。ところが、家のなかで裸になっていただけで女性が連行されたケースもあった。

明治6（1873）年8月発行の『新聞雑誌』124号に掲載された記事によれば、東京・浅草のある民家で、早朝にその家の主婦が上半身だけ脱いだ姿になって身体についた蚤を取っていた。当時はエアコンどころか扇風機もない時代であるから、ご婦人は縁側か、あるいは窓を開いて蚤取りをしていたと思われる。

これを通りがかりか何かに見かけた警官は、いきなり家のなかに上がりこむと、そのご婦人を、着物も羽織らせずに警察署に連行したという。何とも乱暴な警官で、そもそも、「裸はダメ」というのであれば、この警官こそ強要の容疑で逮捕されるべきである。

そして、ご婦人に「裸は禁止だ」などと叱責した警官は、衣服を渡して「もう帰ってよい」と言い放った。だが、ご婦人は警官をにらんで言った。

「裸のままで警察まで連れて来られたため、往来ではさらしものになりました。

夫にまで嫌われてしまって、もう生きていく価値もありません。かくなる上は、ここで飢え死にするつもりです」

記事では「裸体の儘街道を連れ行きしは如何成訳にやと、衆人大いに疑惑を起こせり」という世間の反響を伝えている。いうまでもなく、世間一般が疑問に感じるのは当然である。

同じようなケースは、探せばいくらでも見つかる。ある43歳の女性が井戸端で洗濯をしていたところ、着物の間から「股間が見えた」という理由で警官が彼女を拘引した。そして女性に罰金を科したところ、女性が激怒し警官を訴えた。

裁判所では、警官が「確かに見た」と証言したのに対し、女性が顔を真っ赤にして「いいえ、出しません」と猛烈に反論したという。明治43（1910）年7月9日の『東京朝日新聞』掲載の「珍妙な風俗壊乱罪」という記事に紹介されている事例である。

このように「いかなるものでも裸は禁止」と決めつけて、民家を覗き見したり、しゃがみこんで洗濯をしている女性を覗いたりと、警官のほうがよほど公序良俗に反するというものである。

決められたことを機械的に処理し、そのために「人権の尊重」という最も近代的なことが踏み潰されているわけである。今なら笑い話になりそうなエピソードだが、庶民が切実に苦しめられたことは容易に推測できる。

さて、百年以上経った現代ではどうかというと、昔とは違って近代的になり、人権もしっかりと尊重されている。と、言いたいところだが、実際には相変わらず警察や当局による人権無視や横暴は後を絶たない。おそらく、後の世の人たちから、さんざん笑われることとなるのは間違いない。

第3章 唖然！戦前に起きたトンデモ事件簿

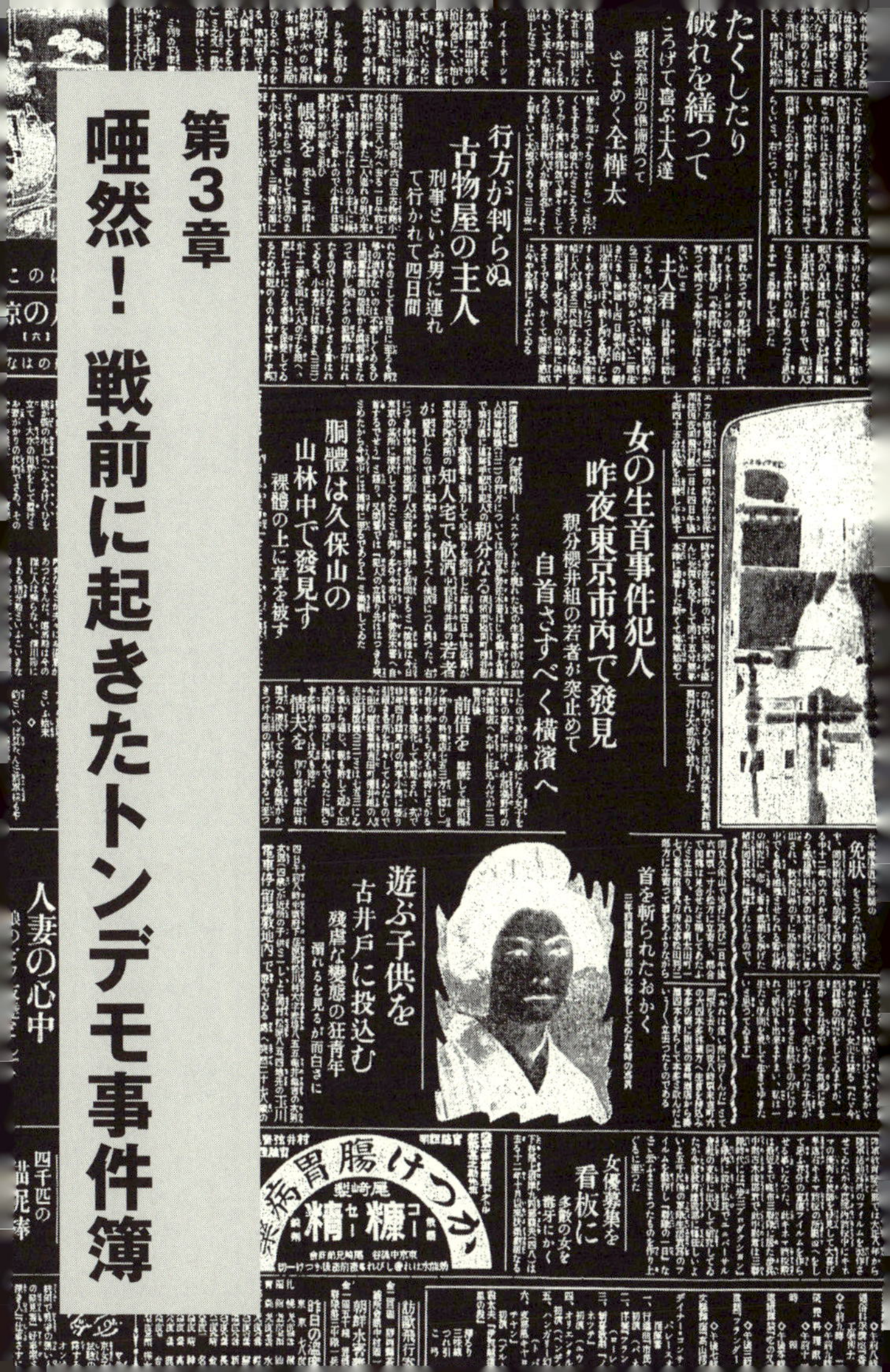

「睾丸売ります」と言った男の顛末

明治8年
大阪

明治8（1875）年3月5日の『読売新聞』に、こんな話が載っている。

大阪の玉造（現・大阪市中央区玉造）で、ひとりの男が紙屑買い、現在で言うところの古紙回収業者に対し、**「自分の睾丸を売りたい」**と持ちかけた。

紙屑買いは男が冗談を言っていると思って、「いいですよ、買いましょう」と笑って答えた。

すると男は、「では、いくらで？」と値段の交渉を切り出してきた。これには紙屑買いも驚いたが、結局、5円で睾丸を買い取ることとなってしまった。

昔の金額を現在の価値に直して考えるのは難しいが、明治8年頃の物価を参考にしてみると、当時は首都圏で白米10キロが40銭～50銭程度だった。現在の白米の価格から換算すると、感覚として5円は4万円～5万円くらいだろうか。ともかく、そここまとまった金額であることはたしかなようだ。

そして、男は紙屑買いから手付金として50銭を受け取ると、「明日にはモノを用意しておくから自宅まで受け取りに来てほしい」と言い残して立ち去った。

さて、手付金を払ってしまった手前、紙屑買いは翌日、仕方なく男の家に出向いた。ところが、応対に出た昨日の男は、「今日は差し支えがあるので、2日か3日ほど待ってほしい」という。

そこで、さらに3日後に改めて訪れると、今度は家の奥から本当に、**切り取った睾丸を持ってきた**。

実際のモノを差し出された紙屑買いは、約束したことゆえに仕方なく、残金4円50銭を男に支払うと、「鼻をつまみながら」それを持ち帰ったそうだ。

しかし、買い取ったものの、生の人間の睾丸などどうしようもない。使い道などなく売ることもできない。おそらく、つくづく後悔したことであろう。

そんな中、近隣のある寺で事件が起きたという噂が流れてきた。

その寺の住職がいつも通り墓地に行ってみると、墓を掘り返した跡があるのを発見した。最近になって男性が埋葬されたばかりの、まだ新しい墓だった。

不審に思った住職が遺体を調べてみると、はたして**睾丸が切り取られていた**のだという。

この噂を聞いた紙屑買いは、ただちにしかるべき筋に自分が切り取られた睾丸を買うハメになったとの事情を訴えた。

そして、睾丸を売ると言い出した男の犯行であろうと推測された。

いくらカネと引き換えとはいえ、自分の睾丸を切り取ることなどそう簡単にできることではない。ましてて、5円と睾丸では、到底釣り合いが取れない。

しかし、男はすでに手付金を受け取ってしまっている。そこで困惑した挙げ句、墓を暴いて遺体の睾丸を盗むという行為に及んだのであろう。

あるいは、男はそもそも自分の睾丸を切り取る気などなく、最初から遺体の睾丸を差し出してカネをせしめる計画だったのかもしれない。

それにしても、一番分からないのは、なぜ、紙屑買いはすぐに「やはり睾丸なんていらない」と断らなかったのか。そちらの子細のほうが気になるところではある。

昭和6（1931）年の春頃のこと、東大阪のとある民家に昼夜を問わず、多数の着飾った男女が出入りしていることが、近所で話題となっていた。

その民家は市内港区に住む材木商所有で、何の変哲もないごく普通の民家だった。何かの店や私塾を開いているわけでもない普通の民家に、不特定多数の男女が出入りを繰り返しているのは、たしかに違和感があった。

この噂を聞きつけた大阪泉尾署は、署員を派遣して内偵を始めた。すると数日過ぎた頃に、**「同家で一糸もまとわぬ全裸レビュー団が踊り狂っている」**との投書が警察署に送られてきた。レビューとは、この場合にはステージショーのようなものである。

これに驚いた警察は、「そのようなワイセツな見世物を興行していることが事実ならば、見逃すわけにはいかぬ」とばかりに、内偵の報告などと照らし合わせた。そして、夜遅くにレビューが行われていることを確認した。

同年7月5日の夕刻に捜査員の一団が現場に向かった。夜11時過ぎ、何人もの客が家の中に入ったのを見届けると、署員10数名が一気に踏み込んだ。

家の中では、**はたして「全裸レビュー」の真っ最中であった**。そこは、20畳という大広間をダンスホールにしており、ほぼ全裸の男女10数名が、ダンスに夢中になっていたのである。レビューというよりも、むしろ乱交パーティに近いような光景だったかもしれない。

警官たちは出入り口をふさぐと、参加者たちに言い放った。

「全員、そのまま！」

「大人しくしろ！」

思いがけない警官隊の急襲に驚いた全裸の男女は、悲鳴を上げながら2階に設けられた衣裳部屋に逃げ込んだ。

しかし、すでに袋のネズミ状態だった。行き場を失った参加者たちは、ほどなく警官たちに取り押さえられた。

結局、レビューの団員9名と会員3名が検挙され、本署で取り調べを受けた。その結果、会員を募って全裸レビューを観賞させる会を運営していたことが明らかとなった。現代風に言えば、会員制ヌードダンス観賞サークルとでも言おうか。

このヌードダンス観賞サークルの主催は、大阪東成区に住む30歳の男。彼は昭和5（1930）年秋頃、男女20数名で「全裸レビュー団」を結成し、会員制サークルとし

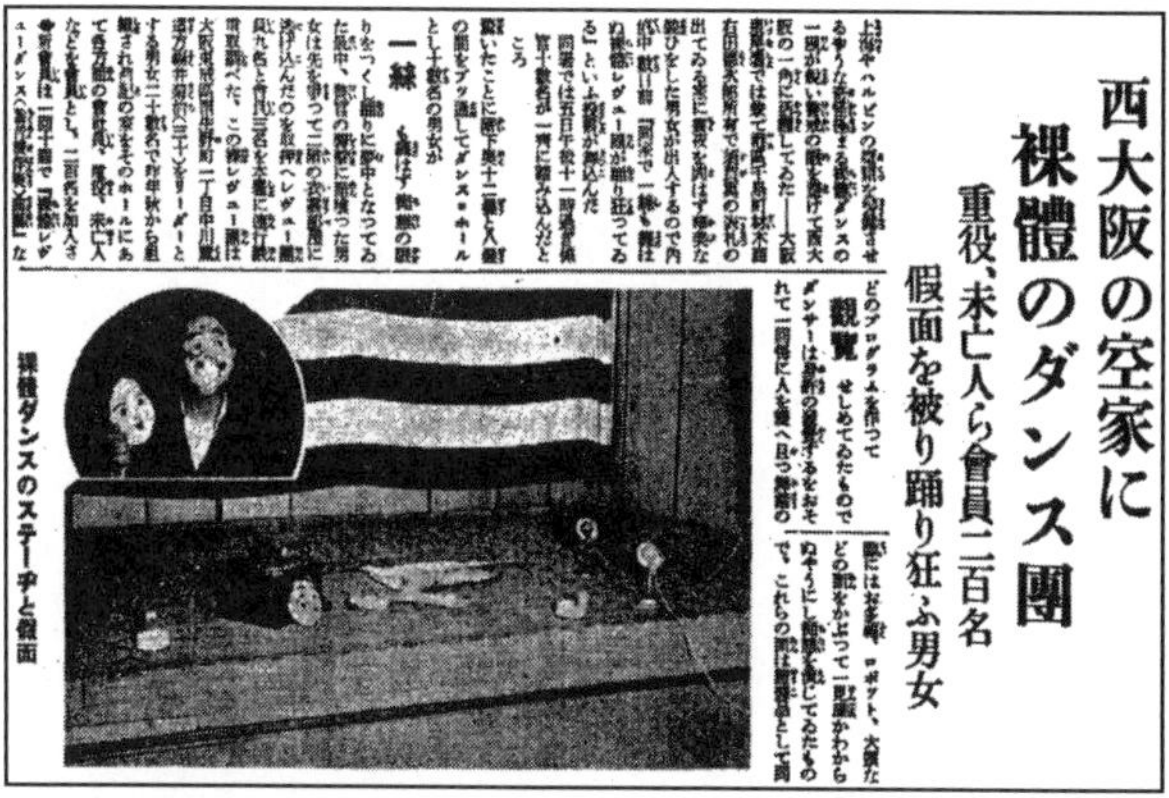
西大阪の空家に
裸體のダンス團
重役、未亡人ら會員二百名
假面を被り踊り狂ふ男女

裸體ダンスのステージと假面

『大阪朝日新聞』昭和6年7月7日

て会員を募集。全裸で踊るショーを企画しては、会員に観賞させていた。

ちなみに、全裸レビューといっても、まったく何も身に着けていなかったわけではない。どうやら団員は一般人で構成されていたようで、素性を隠すために**「おかめ」「ひょっとこ」「ロボット」などのお面をかぶってダンスをしていた**という。このお面も、証拠として警察に押収された。

このレビューの観賞料は、1回につき10円。当時の10円と言えば、現在の価値に直せば2～3万5000円程度。庶民にはかなり高額の、なかなか結構な金額である。

「2～3万円くらい、普通のサラリーマンでも出せるよ」と思う方もいるかもしれない。だが、この当時は大不況の真っ只中で、街には失業者があふれ、庶民の所得はどん底という状況だった。大学を卒業しても就職できないケースが続出し、その有様は最近の「就職氷河期」よりも酷かったらしい。

このサークルの会員は200名にも及び、サラリーマンをはじめ、資産家の女性や企業の重役、未亡人なども多数含まれていたらしい。中には「意外な方面の知名紳士」の名も見られ、警察を驚かせた。もっとも、大金を払ってヌードショーを観賞したり、裸でダンスを楽しんだりできるとなれば、かなり収入の多い、裕福な者でなければ会員になるのは難しいであろう。

この事件を報じた新聞記事を読んで筆者がすぐに連想したのは、平成10（1998）年頃に話題となった、新宿・歌舞伎町の「ノーパンしゃぶしゃぶ」事件であった。

この会員制しゃぶしゃぶ店でも、会員として日銀の重役や霞ヶ関の高級官僚などといった「知名紳士」の多くが名を連ねていた。エライ人たちも、昔から現在に至るまで裸とかエロとかがお好きなのは変わらないようである。

この検挙劇が、どのような罪状なのかについて詳細は不明だ。現在であれば、会員とはいえ不特定多数に裸をさらして見せたわけであるから、公然わいせつあたりになるだろう。ストリップショーが検挙されるケースと同じであると考えられる。

さらに、昭和23（1948）年にも同様の事件が発覚している。同年1月27日、夜

7時頃、東京・目黒区自由が丘の民家で開催されていた**「エロ・ショウ」**が摘発され、出演していた38歳の男と19歳の女、36歳照明係の男、計3名が検挙された。主催者と場所を貸していた家の所有者の2名は逃走した。

こちらの事件では、観客はまず酒を1本1200円で購入して席に着く。実際にはこれが観賞料ということになろう。追加でビール1本とピーナッツが200円だった。

男女2名が出演していたというから、おそらく**セックスを実演して観客に見せていたと**思われる。観客を装った捜査員たちが検挙した際には、38名の観客が酒を飲みながら鑑賞中だったと新聞記事は伝えている。

こちらの事件では、会場に使われていたのはとある旧子爵邸であった。セレブのお屋敷でまさかわいせつなショーが行われているとは思わないだろうし、そうした邸宅は造りがしっかりしているので外部に音が漏れにくい。一石二鳥だったのかもしれない。

ちなみに、最初の事件が発覚した昭和6（1931）年といえば、9月に満州で関東軍が満鉄線を爆破して軍事行動を開始した、いわゆる満州事変が勃発した年である。そして、翌年には上海事変や五・一五事件が起こる。日本が暗い時代に傾斜していくその頃の事件だった。

明治時代に存在した「女愚連隊」とは

事件や時節の変わり目などに、似たようなフレーズが繰り返されることは珍しくない。しかも、それは具体的な根拠や確証があるわけでもなく、情緒的、イメージ的な表現として発せられるケースが多い。

そのひとつが「戦後は女性と靴下が強くなった」というフレーズである。

もちろん、そのようなものは漠然とした感覚である。昔から日本には、強い女性や荒々しい女性はいくらでもいたわけで、そういう実例は資料を調べればいくらでも見つかる。「昔の女性はたおやかで、今の女は強い」というのは幻想に過ぎない。

たとえば明治時代の報道を見ると、**「女愚連隊」なるものが大暴れして、市民を恐怖に陥れた**という。

明治45(1912)年7月の『東京朝日新聞』を見ると、「女愚連隊曙組」なる記事が載っている。当時、すでに愚連隊と呼ばれる不良集団が横行し、社会問題にもなっていた。

ところが、今度は女性ばかりの愚連隊が登場したわけである。

この「愚連隊」とは暴力行為などを行うアウトロー集団の総称で、愚連隊とは「ぐれる」に由来する当て字である。戦後、盛り場などで暴れまわった愚連隊がよく知られているが、実は明治時代からすでに活動していたのだ。

当時、そうした愚連隊は東京の芝や麻布あたりを拠点にして都内を荒らしまわっていたという。今でこそ芝とか麻布といえば住宅やオフィスが広がっているが、明治の頃はまだ埋め立てが進む開発中の地区で、愚連隊連中の巣窟だったらしい。

さて、「女の愚連隊が出没し、強盗などを繰り返している」との情報をつかんだ警察は、さっそく警戒にあたった。すると、「令嬢風の怪しき女」を巡回中の三田署員が発見。ただちにその怪しい女性を追跡すると、埋立地の作業員施設に入っていく。普通のお嬢さんなら、まず立ち入ることはないような場所だ。

署員がこっそり覗いてみると、中には十数人の女性が車座でたむろしている。これは噂の女愚連隊「曙組」に違いないと署に応援を要請。駆けつけた同僚たちと急襲し、17歳から18歳の少女ばかり5人を連行した。

取り調べによって、女愚連隊・曙組の全容が明らかとなった。曙組は数十人規模のグループで、18歳と17歳のふたりの少女がリーダーだった。もとは彼女たちは、既存の愚連隊とともに行動していた。具体的にはその幹部クラスと「情夫となし」または「醜関係を結び」といった、つまり男女の関係になって恩恵を受けていたようである。

ところが、そうした幹部連中が次々に検挙され、残った子分たちはどうにも頼りない。「それならアタシたちが」と立ち上げたのが曙組ということだ。

ちなみに曙組、検挙されるまでの1年余りの間に、**都内各所で強盗その他の犯罪行為を繰り返していた**。判明しただけでも約150点の品物を強奪し、その被害総額は340円にも及んだ。現在の価値になおせば、だいたい300万円から400万円といったところだろうか。

現在の高校生くらいの年齢ながら、男と関係を持ち、窃盗や強盗を重ねるという、リトルギャングまがいの少女たちである。

さて、検挙されたうちのふたりは親が引き取ったものの、残る3人は親や親類ですら手がつけられないほど素行が悪いことから、起訴せざるを得なくなった。

そして裁判の結果、それぞれ懲役8ヶ月、同6ヶ月、同4ヶ月の有罪判決が言い渡された。

ワルを自認していた彼女たちだったが、さすがに懲役とは考えてもいなかったようで、刑を言い渡されるや3人とも声をあげて泣き出したという。しかも、そのなかのひとりは裁判所から戻った留置場で、帯を使って首をつって自殺を図ろうとして看守に取り押さえられたという。

愚連隊といってもやはり10代少女の気弱さもうかがわせる事件ではある。

ちなみに、この判決を紹介する記事のタイトルは「女愚連隊の処刑」である。今日では「処刑」というと死刑というイメージが強いので、何ともショッキングな題名に感じられる。しかし、前述の通り３人の少女たちは別に死刑になったわけではない。明治時代のメディアでは、刑事裁判におけるあらゆる有罪判決を処刑と表現していた。だから、懲役でも罰金刑でも報道される際には処刑だったわけで、「スリを処刑」なんていう見出しも珍しくない。

そういうわけで、明治時代の新聞を開くと、あちこちに「処刑」の文字を見かける。

さて、冒頭で紹介した「戦後は女性と靴下が強くなった」というフレーズだが、わりと有名な言い方であるにもかかわらず、どうも出典がはっきりしない。

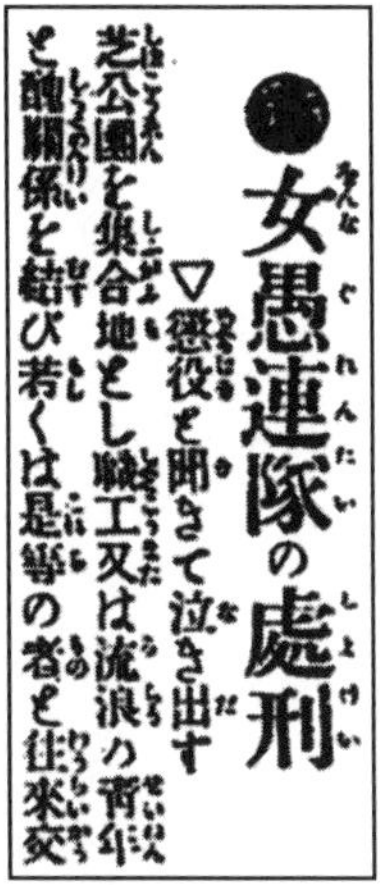
●女《をんな》愚連隊《ぐれんたい》の處刑《しよけい》
▽懲役を聞《き》きて泣《な》き出《だ》す
芝公園《しばこうゑん》を集合地《しふがふち》とし職工又《しよくこうまた》は流浪《るらう》の青年《せいねん》と醜関係《しうくわんけい》を結《むす》び若《も》しくは是等《これら》の者《もの》と往来交

『東京朝日新聞』
明治45年7月10日

登場したのは終戦後しばらくしてから、おそらく朝鮮戦争による特需で景気が上昇し、庶民生活に豊かさが戻るようになった昭和25（１９５０）年以降のことと思われる。しかし、いつ頃、だれが、どんな媒体で使用されたかなど、詳細はよくわからなかった。

一説には昭和28（１９５３）年頃に流行したとされるが、当時の資料をいくつか調べても、流行語としてこのフレーズが取り上げられているものは見当たらない。

私見ながら、流行語というよりは、戦後の一時期に幾度か使われた言い回しのようなものではないかと思われる。

ちなみに、この「靴下」とは女性向けのストッキングであるといわれている。そして、ストッキングの強度が向上したのは、合成繊維「ナイロン」の登場によるものである。

このナイロンという画期的な素材は、アメリカの化学者ウォーレス・ヒューム・カロザース（１８９６〜１９３７）によって開発された。

カロザースはアメリカの化学メーカー、デュポン社の研究開発者としてナイロンの合成に成功する。ところがその直後、彼は41歳という若さで自殺してしまう。うつ病が原因ではないかといわれているが、詳細は不明だ。

そして、カロザースの死の翌年である昭和13（１９３８）年、デュポン社からナイロン製のストッキングが発売される。ここから耐久性に優れた「強い靴下」の時代が始まるわけである。

では女性のほうはどうかというと、前述のように「強い女性」のほうは昔から健在である。ただ、女性の平均寿命が60歳を超えたのは昭和25年からである。この時、男性の平均寿命は58歳だった。寿命が長いからといって「強い」ことにはならないが、そうしたイメージに関係した可能性はいくらか考えられるかもしれない。

女性を誘拐しては売り飛ばす柔道家
明治45年
長崎

日本では一般的に、武道とかスポーツを続けている人に対して、無条件で敬意を示すような傾向があるように感じられる。具体的には、「スポーツをやっている人は礼儀正しい」とか、「武道家は優れた人格の人が多いに違いない」といったものだ。

たしかに、スポーツや武道を心得る人の中には、モラルの意識が高い人格者も多いことだろう。実際、そうした人に筆者は何度も出会ったことがある。

しかしその一方で、まったくそうではない現実にもしばしば出くわす。

礼儀正しいように見えて、実はそれは自分の先輩やコーチに対してのみで、街中では肩で風を切り、ふんぞり返って闊歩するスポーツ選手や武道をたしなむ人を見た経験は数え切れない。

そういう人たちは全体のごく一部であろうが、とにかく、武道やスポーツに熟達しているからといって、絶対に高い倫理や礼節を備えた人物だとは限らないということである。

それどころか、倫理や社会常識、良識から逸脱した行為を繰り返したり、凶悪な犯罪を繰り返したりする規範意識の低い連中さえ存在する。例えば、元オリンピック選手によるレイプ事件や、競技団体幹部によるセクハラ事件などがある。この手の事件は、調べてみるとかなり多い。

こんな話をすると「武道家がダメになったのは最近のこと。昔は立派だった」と反論する向きがいらっしゃるかもしれない。

だが、昔の武道家も全員が全員、人間的に立派な人ばかりだったわけでは決してなさそうだ。

戦前のある武道家が、悪辣かつ卑劣極まりない事件を引き起こしている。

明治45（1912）年のこと、武道団体「大日本武徳会」の長崎支部に関係するとみられる柔道家・櫻井一房（50）が、**女性を誘拐しては香港やマニラなどに売り飛ばし、暴利をむさぼっていた**ことが発覚したと、当時の『朝日新聞』が報じている。

しかも、犯行は20年前から、**誘拐され売られた女性の数は、およそ100名にも及ぶ**というから驚きだ。

なぜ、女性を20年間も誘拐し続けて事件にならなかったのか、どうして捕まらなかったのかについて詳細は不明だ。誘拐の手順などについても分からない。ともあれ、そうやって手にしたカネは、20年間で約2万円にもなったという。

この櫻井なる武道家、誘拐と人身売買によって、少なく見積もっても現在の価値でおよそ**1億円もの現金を手に入れた**ということになる。

しかも、非道な手口で蓄財した櫻井は、さらに強欲なことに、そうして貯めた現金をもとにして高利貸を開業した。

さらにひと儲けしようと企んだのだろうが、この金融業は失敗してしまう。

資産を失った櫻井は、再び女性を売り飛ばして儲けようと考えた。そしてすぐさま香港に渡ると、またも多くの女性を誘拐した。このあたりの詳細についてはよく分からないが、香港やマニラを頻繁に訪れていた櫻井は現地にも通じており、現地の女性をターゲットにしやすかったのかもしれない。

しかし、すでに警察は捜査を進めていた。櫻井の周辺の大勢の女性が行方不明になっていて、さすがに警察も不審に思ったのだろう。櫻井は追われる身となっていたのだ。

そして、誘拐した女性たちをつれて帰国したところを警察に身柄確保されたのだった。

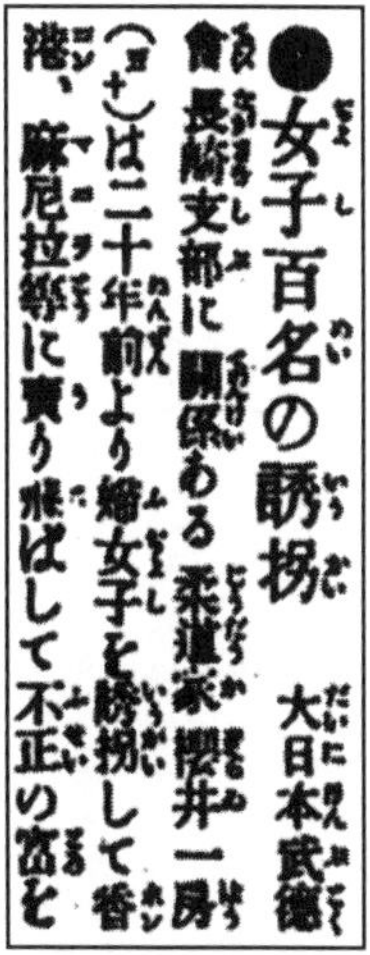
●女子百名《めい》の誘拐　大日本武徳会長崎支部に関係ある柔道家櫻井一房（四十）は二十年前より婦女子を誘拐して香港、麻尼拉等に売り飛ばして不正の富を

『東京朝日新聞』
明治45年5月18日

その後、はたして櫻井にはどのような処罰が加えられたのだろうか。

それにしても、自由を奪われ、まるで物のように売られていった女性たちが気の毒でならない。

「陰毛拾い」で取り押さえられた男たち

戦前から現在に至るまで、アダルト系のアイテムというのはいろいろなものが開発され売られている。下世話なビジネスについて解説した著書『変態商売往来』（著者・宮本良、昭和2年刊）には、「珍写真・珍画」と称する、おそらくエロ写真やエロイラストの類や、媚薬、精力剤といった定番のものから、性感染症の防止薬や妊娠促進剤と思しきものなどが紹介されている。

戦前の新聞、それも**『朝日』『毎日』といった天下の大新聞にすら、性病治療薬や「イモリの黒焼き」をはじめとする強壮剤、果ては「トツカピン」などの精力増強をうたった製品やペニスの勃起増強器具の広告まで掲載されている。**

そうしたアダルト系グッズのなかの定番に、女性の陰毛を使った製品がある。それにまつわるエピソードをまずひとつ。

東京がまだ東京市だった頃の大正12（1923）年2月のこと、某デパートの店員が男4人を警察に引き渡した。理由は「店内で迷惑な行為を重ねていた」というもの。

その迷惑行為とは、**女性の陰毛を拾い歩くこと**だった。だが4人は別にただ陰毛を拾って喜んでいたわけでも、収集する陰毛マニアでもなかった。実は、**拾い集めた陰毛を商品に加工して売っていた**のである。

この男4人、どういう経緯かはわからないが、女性の多く行き来する場所にその陰毛が落ちていることに注目し、「これを売れば儲かるのではないか」と考えた。そして、女性が集まる格好のスポットであるデパートに目をつけた。

日本におけるデパートの起源は、明治初期にまでさかのぼる。東京・永楽町（現・千代田区）に明治11（1878）年にオープンした東京府立第一勧工場は、その後のデパートの原型といわれる。

さらに明治37（1904）年12月には、近代的なデパートの草分けといわれる三越呉服店が営業を開始する。いうまでもなく、現在の三越である。以後、デパートは都市部に次々に開店し、とくに女性に人気のある商業施設へと成長していく。

一方、陰毛について少し触れよう。気がつく人も多いかと思うが、陰毛は日頃から結構抜けるのだ。陰毛だけでなく、頭髪やその他の体毛には毛周期というものがあって、ある程度伸びると抜け落ちて、新しく生え変わるようにできている。頭髪もごく普通に毎日何本も抜けては生えてきているのである。

陰毛も同様に、何もしなくても1日に何十本も自然に抜けるのである。

さて当時、女性の服装は和装が一般的で、下着は腰巻のみ。男のほうは、ふんどしを締めたりパンツをはいたりしていた。だから、陰毛が抜けると、女性のものはそのまま下に落ちる可能性が高かった。

そこで4人の男たちは、デパートの床に目を凝らし、根気よく、熱心に落ちている陰毛を探した。そして、拾っては袋などに入れて集めたのである。おそらく、最初はそれなりの苦労があったのかもしれない。

だが、次第に効率よく集められるようになっていったのだろう。何事も、続けていくうちにコツというものが身についてくるものである。

やがて、**1日かけて集めた陰毛の量は、あわせて2升から3升になった**という。

集めた陰毛は、さまざまな商品に仕上げられた。たとえば、数本ずつきれいな袋に入れて、開運や災難避けのお守りにした。さらに、**「陰毛座ぶとん」**なるものも作っていたというが、もしかしたら綿の代わりに陰毛を使っていたのかもしれない。

さて、女性の陰毛については、性的なグッズ、あるいは性的なイメージを刺激するアイテムであることだけでなく、古くから特別な意味合いで扱われていたようである。

たとえば、女性の陰毛を御神体として神社に祀ったケースがいくつも見られる。江戸中期の国学者・天野信景の随筆『塩尻』には、弁財天を祀った祠に女性の陰毛が収められていた例や、「熱田の社に此類ひなる物あり」として同じように陰毛を祀っているケースがあると指摘。ほかにも、風俗事典『嬉遊笑覧』で知られる喜多村信節も、『画証録』その他の著書の中で、各地の神社で「毛を箱に納めて神体とせし」という事例がいくつもあることを書き留めている。

こうした「信仰」は一般庶民の間にも広がっていたようだ。備前平戸藩主の松浦静山が書き残した随筆集『甲子夜話』（1821年〜）には、女性の陰毛によって難病に苦しんでいた病人が治ったというエピソードが載っている。江戸時代には、女性の陰毛はすでにパワーアイテムとしてよく知られていたようである。

陰毛パワーを信じる心は、明治維新でも変わることはなかった。日清、日露、そして太平洋戦争では、「女性の陰毛には弾除けに絶大な効果がある」と信じられるようになり、出征の際には妻や婚約者のヘアをお守りにしたという話はよく聞くところである。

とくに戦争真っ只中の昭和16（1941）年には、中国の天津や上海、サイパンなどに駐留する日本軍兵士のあいだで、女性の陰毛をお守りにするのが大流行したという。

そのほか、東京のある商店主が「関係した芸妓の陰毛を集めて座布団を作ろう」と思い立って各地を遊び歩いていたものの、昭和4（1929）年に志半ばで病死したと伝えられるし、昭和6（1931）年には自分の陰毛を売る少女が登場。翌年の昭和7（1932）年にはやはり博多の芸者さんが陰毛を売っていて、1本50銭、短いものは1本30銭だったとのこと。ちなみにこの頃、かけそばが1杯5銭から7銭だった。**かけそば10杯分で芸者さんのヘアが1本**。高いか安いかは本人次第というところか。

さて、この陰毛ビジネスを続けていた男4人の行動について、デパートの店員さんたちはこの男たちが何をしていたかはうすうす気づいていた。

しかし、男たちは別に不法行為をしていたわけでもない。買い物もせずに店内をウロウロしていたとはいえ、はたから見れば床のゴミを拾うだけである。追い出すわけにもいかず、ほとんど黙認状態だった。

ところが、ことが順調だと人はつい調子に乗ってしまうものである。男たちの行動は、次第にエスカレートしていった。

たとえば、**女性客の後をつけ歩いたり、女性の足元をさぐったり、果ては着物の裾から覗きこんだりするようになってしまった**。こうなると、明らかに来店客に対する迷惑行為である。

これには、店側も黙っているわけにはいかない。「迷惑千万なヤツらだ」と店員たちに取り押さえられ、4人まとめて交番へと突き出されたのである。

ちなみに、女性の下着としてズロース、すなわちパンティが普及したのは、昭和7

年12月16日、東京で起きた『白木屋火災』がきっかけであると言われている。

この日の朝9時半過ぎ頃、店内に飾られていたクリスマスツリーの電球の修理中、飛び散った火花によって火災が発生。女性店員など14名が死亡、重軽傷者百数十名にも及ぶ大惨事となった。

この時、「和装とくに腰巻のために何人もの女性が焼け死んだ」などとするエピソードが語られることが少なくない。

当時、和装の女性が多かった。そのため着物の裾がめくれて局部が見えてしまうことを恥ずかしがり、救助隊の助けをためらって多くの女性が逃げ遅れて焼死したというのだ。

しかし、この逸話は現在では疑問視されている。

この火災を報じた『東京朝日新聞』昭和7年12月17日の夕刊をみると、死亡者は10名、うち女性は5名である。リードには「女三名」となっているが誤りで、記事には死者として5名の女性が記載されている。さらにいくつかの新聞記事や資料を参照すると、死者は14名、うち男性は6名、女性8名である。

ところが、犠牲者の中で焼死したのは1名。女性の多くは転落死だった。しかも、いずれも窓からカーテンなどをロープ代わりに使って降りようとした際に落ちたケースだったという。救助隊によって、多くの女性が救い出されている。

死者十名、重傷四十七名

死者十名（男七名、女三名）重傷者四十七名（男十九名、女二十八名）軽傷者（男四十四名、女不明）である

【警保局發表】

『東京朝日新聞（夕刊）』昭和７年12月17日

また、確かに着物の裾の乱れを気にして救助器具から手を離してしまったケースもあったというが、それらは負傷にとどまり死亡した女性はいなかったという。

もうひとつ、「この火災を契機としてズロースつまりパンティをはく習慣が広まった」というものは、もっと疑わしい。

たしかにこの火災以後、女性活動家などからズロースを奨励する発言が現れたり、そうした活動をマスコミが支持したりするようになった。しかし、生活習慣というのは、理屈ではなかなか変わらないものである。昭和10年代まで、依然として女性は腰巻に和装というのが一般的だった。

その後、デパート各社が相次いで制服を洋装にしていく。さらに、女性の社会進出が多くなるにつれて洋装の女性は増えるが、それでも洋服を着るのは教師などの一部の女性という傾向が強かった。

それが、太平洋戦争のさなかにモンぺの着用が推奨されるようになると、一気にズロースが普及する。だから実際には、一般庶民までパンティが普及するのは戦時中ということになろう。

いろいろと資料を調べていくと、どうやらこの白木屋の火災での「着物の裾を気にして女性が多数死亡」「これをきっかけにパンティが普及」というのは、かなりのデマが混入していることが多いようである。

かくいう筆者も、これまで「白木屋火災がパンティ普及の起源」という俗説を信じていたひとりである。深く反省するところである。

息子の嫁が気に食わず養母大暴れ
明治43年
東京

現在でもなお、嫁と姑の関係は厄介なことで問題となることが多いが、明治期には新聞記事になる事例も少なくなかった。

東京・深川区木場町（現・江東区木場）に住む庄太郎（34）は、性格は温厚で養母であるお金（53）にも孝行と評判の好男子だった。

ところが、養母のお金が、どういうわけか息子の嫁に対して激しい嫉妬をいだき、執拗で陰湿な嫌がらせを繰り返していた。そのため、これまでに庄太郎は**8回も妻を取り替えるハメになっていた**。

記事には詳しく説明されてはいないが、おそらく妻たちはお金の嫌がらせに耐えられずに逃げ出してしまったものと思われる。養母とはいえ、何とも身勝手な女もいたものだ。

そんな有様なので近所の住民もすっかり呆れていたが、庄太郎に人望と信頼があったからであろうか、ある人から26歳の女性を紹介され、再婚までこぎつけた。庄太郎

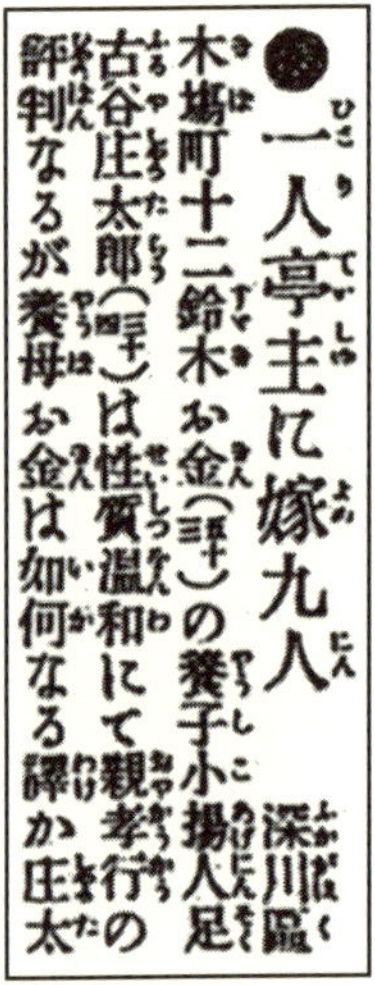
●一人《ひとり》亭主《ていしゆ》に嫁《よめ》九人《にん》　深川區《ふかがはく》木場町《きばちやう》十二鈴木《すゞき》お金《きん》(三十)の養子《やうし》小揚人足《こあげにんそく》古谷《ふるや》庄太郎《しやうたらう》(三十)は性質《せいしつ》温和《をんわ》にて親孝行《おやかうかう》の評判《ひやうばん》なるが養母《やうぼ》お金《きん》は如何《いか》なる譯《わけ》か庄太《しやうた》

『東京朝日新聞』
明治43年7月3日

にとっては、実に9人目の奥さんである。

当然、これまで8人もの女性を追い出した養母のお金が、これを快く思うわけがない。

例によって嫉妬の炎を燃え上がらせると、毎日、夜ともなればやけ酒をがぶ飲みしては庄太郎夫婦に当たり散らし、罵詈雑言を浴びせかけた。

そしてある日の深夜12時頃、またいつものように酒に酔ったお金は、庄太郎をつかまえては大声で悪口の言いたい放題。

そして挙げ句は、**悪態をつきながら手当たり次第に器物を庄太郎に投げつけて暴れまわった**。

こうした夜遅くなっての騒ぎに、さすがに放っておけないと警官が駆けつけ、暴れていたお金を警察署に連行して諭したという。

その後、お金の嫉妬と暴行が収まったのかどうかは分からない。

それにしても、嫁を8人も追い出すというのは当時でもまれに見る事態だったのであろう。孝行息子の庄太郎は本当にいい迷惑というものである。

英国人商社マンが起こした獣姦事件

明治25年
長崎

幕末から明治にかけて、日本国内には欧米諸国から外国人が大量に流入してきた。言葉も文化も感覚も違う人々がやって来るわけだから、トラブルや事件も数多く発生することとなる。

そうした状況から、外国人による日本女性への性的な事件も増加していった。

例えば、明治5年にイギリス人が、銀座で座敷に呼んだ芸者にピストルを突きつけて脅してレイプしようとした事件や、明治9（1876）年には大阪でいわゆるお雇い外国人が売春婦と遊んだのに料金を支払わないで訴えられた事件などが起きている。

また、明治4年には東京・神田で日本人女性とイチャイチャしながらふたりのイギリス人男性が歩いていたところ、それを見た**3人の士族が「何たる破廉恥」「国辱ものだ」とばかりに怒って襲い掛かった**。

そして、イギリス人男性ふたりは重傷。加害者の士族のうち、ふたりは死罪、ひとりは10年の流刑となった。

さて、こうした外国人が関係した事件の中でも、特に異色なものとして注目を集めた事例が、**長崎で起きた「獣姦事件」**である。

明治25（1892）年9月29日の『朝日新聞』には、その顛末を紹介した「洋人の本邦婦女侮辱事件」という記事が掲載されている。

同記事によれば、この事件の首謀者は、長崎居留地のイギリス人の商社マン。「番頭となりて事務を主宰し邦語に通じて」とあるから、おそらく支社長クラスの、かなり優秀な人物と思われる。

そのイギリス人商社マンがある日、知り合いのエンジニアと世間話をしているうちに、獣姦の話題となった。

「犬と人間がセックスしたならば、結果はどうなるのだろう？」

「妊娠するんだろうか。興味があるな」

そんな話をするうちに、「では、妊娠するかどうか、300円を賭けてみようじゃないか」ということになった。

その後、同年の6月上旬、イギリス人商社マンは23歳の娼婦に30円の報酬を手渡すという約束で、**「犬とセックスしてみないか？」と交渉し、承諾を得る。**

当時、例えば教員の初任給がまだ6円程度、会社員や公務員の月給が4～5円。物価なら白米10キロが50～70銭という時代なので、30円といえば、かなりの大金である。おそらく、現在なら少なく見積もっても30万～50万円にはなるであろうと考えられる。普通なら、「犬と交わるなんて、絶対に嫌」という女性でも、それほどの大金を積まれて心が動いたのかもしれない。

交渉成立後、イギリス人商社マンは自宅に彼女をつれて行き、厳重に戸締りをしたうえで、自分の飼い犬とセックスさせたという。残念なことに、その際の詳細は不明だ。

こうして、獣姦を楽しんでから1ヶ月ほど経った7月初旬、このイギリス人商社マンは再びその23歳娼婦と遊びたいと思いコンタクトしようとしたところ、彼女はたまたま体調を崩して休んでいた。

すると、別の19歳の女性が後をつけてきて、「英国紳士のオジサン、私と遊ばない？」という具合に営業のアプローチをしてきた。

そこで彼はこれを承諾。その19歳女性と通常の料金でセックスした後で、「15円あげるから、犬とセックスしてみないかね？」と言い出した。

女性は驚いたであろうが、「15円ももらえるなら」と引き受けた。そして、彼女も犬との行為を行い、イギリス人商社マンに観賞させた。それから、事が終わると現金の入った封筒を手渡された。

ところが、彼女が帰宅してからもらった封筒を改めると、15円の約束のはずが3円しか入っていない。

「あのイギリス野郎に騙された！」

　望んだわけでもない犬とのセックスをしたにもかかわらず、約束を破るとは言語道断とばかりに怒った女性は、イギリス人商人に頼まれて犬とセックスしたことを仲間内などにさんざん言いふらした。

　すると、内容が内容だけに瞬く間に噂は広がり、長崎では知らない者はないほどになってしまった。当然、駐留イギリス人たちの間にもこの話は伝わり、当事者である件の商社マンの評判は最悪となった。

「獣姦事件のことは聞いたかね。女性にカネを払って愛犬と交わるように強要したそうだ」

「バカなことをしたものだよ。まったくわが大英帝国の恥だ」

　そんな中、日本に長年住んでいたあるイギリス紳士はこの話を耳にすると、頭から火を噴くほどに激怒した。そして、当のイギリス人商社マンを自宅に呼びつけると、烈火のごとく叱責した。

「貴殿のような者を人の顔をしたケダモノというのだ。恥を知るがよい！」

　そのようにさんざん罵倒され、イギリス人商社マンはようやく自分の浅はかさに気づき、その場で床にひれ伏して、号泣して自らの行いを後悔したという。

それでも、そのイギリス人商社マンの評判は悪くなる一方だった。

おそらく、行く先々で**「女性にカネを払って獣姦させた変態野郎」**というように、指さされただろうことは想像がつく。

結局、イギリス人商社マンは肩身の狭い思いから逃れられず、ついに長崎を逃げ出した。その後の彼の消息は不明になったという。

これで事件はひとまず終わりである。

だが後日、**犬とセックスした女性が妊娠し、その話を聞きつけた某国の海軍士官が、生まれた子どもを「ぜひとも買い受けたい」と接触してきた**とも伝えられる。

しかし、仮に犬の精液が人の子宮内に到達し、卵子と接触しても、妊娠することなど絶対にあり得ない。人間と犬では、精子頭部の核酸のタイプが違うので、卵子と受精する可能性はゼロだからである。

日本初の保険会社は娼婦が立ち上げた？

明治12年 大阪

いざという時の備えは、やはり必要である。特に、リスキーな仕事をしている人たちには、保険は不可欠だろう。

現在は、生命保険や損害保険をはじめとして、火災保険、自動車保険、地震保険、ガン保険、ペット保険やゴルファー保険などに至るまで、いろいろな保険商品が発売されている。

こうした保険についての考え方は、福沢諭吉が慶応3年に刊行した著書『西洋旅案内』の中で紹介している。

ところが、明治時代の初期、実際に会社を設立してリスクに備えることを始めたのは、**売春で収入を得ていた女性たち**だった。

明治12（1879）年10月30日の『朝日新聞』を見ると、**「淫売相互保険会社」**というタイトルの、短い記事が載っている。

現代の感覚からするといささか不適切な表現にも思えるが、時代が時代なので原文のまま引用する。どうかご勘弁いただきたい。

記事によれば、場所は大阪の江戸堀北通2丁目。現在の大阪市西区江戸堀というと、ちょうど中之島に隣接するあたりだろうか。

この界隈に出没する娼婦の有志30人ほどが集まって、南通2丁目に事務所のようなものを定めた。

そして、娼婦たちはひとりあたり1日3銭という額の積み立てを始めた。そうして沈積した資産によって、「万一社員の拘引罰金を科せられし時は積金より支払ふ方法」と決めた。

つまり、出資者が警察に身柄を拘束されたり、罰金に処せられたりした場合には、保険金が下りるシステムということである。

さかのぼること6年前、明治6（1873）年12月に娼妓についての公的ルールである「公娼取締規則」が施行されると、これを受けて営業許可である「貸座敷渡世規則」、ならびに就業について定めた「娼妓渡世規則」が発令され、公娼制度が合法化された。

これによって、届出を済ませ許可を受けた公娼は営業できるが、それ以外は私娼として処罰の対象となる。この大阪に設立された保険会社の社員たちも、非合法的な私娼だったと考えられる。

当時、まだ法律が施行されてそれほど経っていない時期だったため、私娼で生活する女性たちも少なくなかったのであろう。あるいは、公娼になることを嫌った女性も多かったのではないだろうか。

ともかく、そうしたニーズをカバーするものとして、「これでいざ捕まっても、保険金で罰金が払えるから安心」という意図だったわけである。

この保険会社を考案し、精力的に営業していた社長は、現在も大阪市北区曽根崎にある露天神社、通称・「お初天神」のあたりに出没していたお菊という女性だそうである。

このお菊さんがどのような人物だったのかについて、詳細は不明だが、彼女はどういう経緯で保険会社の設立を思いついたのか。

もしかしたら、日本に古くからあった「講」、すなわちさまざまな目的による貯蓄のために組織した相互扶助のための団体を参考にしたものだったのか、それとも、福沢の著書などから欧米の保険の知識を取り入れたものだったのか、それは分からない。

インターネットなどで見られる「保険の歴史」などといった簡単な解説には、残念ながらこの保険会社のことも、お菊さんのことも言及されていない。

ちなみに、日本最古の生命保険会社である共済五百名社（現・明治安田生命保険）が設立されたのは、この翌年の明治13（1880）年のことである。

理不尽！強姦男が罰されず放免に
大正5年
東京

その事件が報じられたのは、発生から20日も経った頃だった。大正5（1916）年2月21日深夜0時頃のこと、東京・麻布区（現・港区）のある民家に「キトクアイタイスグコイ」との電報が入った。

これに驚いたその家の息子さんは、すぐに差出人である渋谷の叔父の家へと駆けつけた。おりしも雪の降る夜であった。

ところが、渋谷の叔父宅では変わったことなど何ひとつない。危篤になった者などいないし、何より、電報などを打った覚えもないという。

不審に思った息子は、すぐに六本木警察署に事情を話した。それを受けて警察は麻布の家に捜査員を急行させた。

ところが、留守番をしているはずの弟やその他の家族の姿がなく、家には誰もいなかった。

ちょうどその同じ頃、赤坂・乃木坂の交番にその息子の弟が駆け込んできた。

「姉とお手伝いさんが男に無理やりつれて行かれました」

これを聞いた警官からの連絡で、六本木署は部長以下警官隊が出動。現場となった自宅周辺を捜索していたところ、手足を縛られたまま雪中に放置されていた女性2名を発見したため保護した。そして、すぐに彼女たちが連れ去られた姉とお手伝いさんであることが判明した。

一方、別の警官隊が路上で不審な男を発見。逃げようとしたため近づいたところ、男は1メートルほどの鉄棒を振り回し、警官たちを殴りつけて抵抗した。暴れる男に殴打されつつも、警官たちは男を取り押さえた。

取り調べにより、男は静岡県出身、同区内に住む慶応大学2年生の松島光郷（24）と判明した。

松島は、以前から被害者の女性（姉）に目をつけて、自らの性的欲求を満たす隙をうかがっていた。

そして、事件当夜に雪が降ったことで犯行がしやすくなると考えた松島は、かねてから調べてあった同家の親戚である渋谷の家の名で嘘の電報を打ち、兄が外出して家が手薄になったところを襲って、女性とお手伝いを強引につれ出したというわけである。

松島はふたりを物陰に連れ込むと、おそらく「おとなしくしないと殺すぞ」などと言って脅したのだろう。それから女性を強姦した後、ふたりの手足を縛ってその場に放り出したまま逃走したのである。

お手伝いさんは手足を、女性は両手を後ろ手に縛られていたというから、もしかしたらお手伝いさんを縛った後、女性の手を縛ってそのまま強姦したのかもしれない。

犯行を自供した松島は捕まったわけだが、これでめでたく事件解決とはならなかった。

警察はただちに、松島の書類を検事局に送った。ところが、被害者の女性は事件が表沙汰になることを恐れ、検事局に出頭して松島を起訴しないよう何度も懇願した。これには検事もさぞ困ったことだろう。

しかし、被害者のたっての願いということで、結局は不起訴が決定し、**松島は釈放されることとなった**。

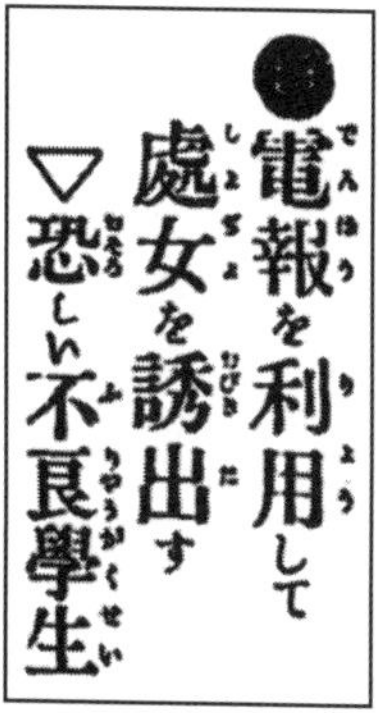
●電報《でんぽう》を利用《りよう》して
處女《しよぢよ》を誘出《おびきだ》す
▽恐《おそろ》しい不良學生《ふりやうがくせい》

『東京朝日新聞』
大正５年３月10日

このためであろう、事件を報じた新聞記事でも、犯人松島の名は明らかにしているものの、被害者の氏名等は「特に秘す」として伏せている。

その後、この悪党たる松島はどうなったかというと、反省もなく女性への謝罪などもまったくなし。

それどころか、毎日のように盛り場や映画館などをうろつきながら、**さらなるターゲットの女性を探していた**とのことである。

まさに「凶悪レイプ犯、野に放たれる」といった様相だ。

それにしても、警察や検察は何らかの手を打つことができなかったのだろうか。たしかに婦女暴行では起訴できなくとも、誘拐や脅迫、拉致監禁など、いくつもの犯行を重ねていることは明白である。

こうした、弱い者は泣き寝入り、悪逆の輩が大手を振って往来を闊歩する事例は事件史を調べればいくらでも出てくる。

明治や大正の世だけではない。現代においても、また事情はまったく同じである。

芸妓VS芸妓 川原での壮絶な決闘
明治22年
京都

『朝日新聞』明治22（1889）年6月28日付の記事に、**夫を略奪された芸妓が相手の女性と川原で「決闘」した**という記事が掲載されている。

京都・先斗《ぽんと》町に音村屋福助という芸妓がいた。福助には何人もの常連がいたが、その中で、特に懇意にしている馴染み客が、次の市会議員選挙に出馬することとなった。そこで福助、なんとかこの男を当選させようと一念発起。座敷に上がった際に客の中に有権者らしい者を見つけると、その男の名を挙げて「どうかあの方に投票《いれ》ておくれやす」と、意中の男に投票してくれるように頼み込んだ。

当時は現在とは違って、投票権を持つ者は高額納税者など一部の限られた者のみだった。だから、芸者遊びをするような経済的に余裕のある者が有権者である可能性は高かったのである。

こうした福助の努力が、どれほど効果を生んだのかは分からない。だが、選挙の結果、福助の意中の男は当選、晴れて市会議員となった。

この結果を聞いて、福助はことのほか喜んだ。実はその男は選挙前、福助に「当選して議員になったら、お前を身請けして女房にする」と約束していたのだった。

ところが、市議となってからというもの、福助はその男から呼ばれなくなってしまった。結婚の約束までしていながら、何かおかしいと思っていた福助だったが、そのうちに、男が別の芸妓に夢中になっているとの噂を耳にする。

驚いた福助が内々に調べてみると、たしかに市議の男は18歳になる種菊という別の芸妓とすっかり馴染みになってしまっていた。

当然ながら、福助は激怒した。しかし、彼女はその怒りの矛先を、心変わりした男ではなく種菊に向けた。

「大事な人を後から来て掠め取るとは、この泥棒猫め」という思いであろうか、怒りと憎しみで「果たし状」を一気に書き上げると、種菊へと送りつけたのである。

「一筆しめし参らせ候」で始まるその文面は、だいたい次のような内容である。

まず、「お前は私の旦那様を寝取ったばかりか、私の悪口まであることないことを言いふらしているようだが、私のあの人が市議になることができたのも私の努力があってのこと……」と自らの心情を訴えたうえで、「明ばん松村屋の裏の川原でけつといたしたくたがいに女の事ゆゑに手にはなにもたずうでづくで致すべく此段申こみ候かしこ」と締めくくっている。

すなわち、**「明日の夜に川原で決闘を申し込むが、女であるから素手で勝負しよう」**ということを種菊に申し入れたわけである。

これに対して、若い種菊も気丈なもので、「よろしい。受けて立つ」とばかりに、次のような返事を即座に送っている。

「いさいしょうち致しましたさかい明晩十二時にはかならず川原にゆきますごようぃなされ候かしこ」

「一切を承知した。明日の晩12時には必ず川原に行くので用意して待っていなさい」ということである。18歳とは思えぬ、なんとも豪胆な文面である。

さて、翌日の6月21日深夜12時頃、決闘の場所に指定された川原では、白い浴衣にしごき帯を締め、髪を束ねた福助が待っていた。

すると、友禅染の単物《ひとえもの》に、やはり緋ちりめんのしごき帯で身を固めた種菊がやってきた。

着物に帯とは、両名ともまさに戦闘態勢という意思表示そのものである。

暗闇から現れた種菊の姿を見るなり、福助は「オオーッ」と雄叫びを上げると、「種菊さんや、よくも私の旦那様を横取りおしたな！」と言い放った。

一方、種菊もひるむことなく、「横取りしたのが悪るおすか！」と売り言葉に買い言葉で応じた。

そして、罵声を投げ合ったかと思うと、両者いきなり相手に襲い掛かった。

約束どおり素手での戦いだったが、双方とも女の、そして芸妓としての意地とプライドをかけて頭に血が上っていた。最初から本気の殴り合いである。

そんな状況では殴るだけで収まるわけがない。

すぐに相手に噛みついたり、身体を爪で引っかいたりと、**まさに乱闘、キャットファイト状態**。たちまち髪は乱れ着物は破れるといった有様になったが、まったく勝負がつく気配がなかった。

そうこうしているうち、近所の人々が騒ぎに気づいて集まってきた。見れば、川原で若い女性ふたりが取っ組み合いのケンカをしている。

「これは大変」と集まってきた近隣住民は止めようとしたが、なにしろ、ふたりともかなりの興奮状態である。

やめろと口で言ってやめるような状況ではなく、とはいえ、うかつに間に入ったら巻き添えを食らう危険性がある。それでもなんとか、住民たちの努力によってふたりは引き離されたという。

その後の顛末は、記事には書かれていない。

はたして、議員の男はどちらかの芸妓と結婚したのか、それとも、また他の芸妓に乗り換えたのか。真相は藪の中だ。

ちなみに、この川原での一件から数ヶ月経った頃、政府・元老院に決闘を禁止する法律案が提出された。

それを紹介した『朝日新聞』の記事によると、「決闘を申し込んだ者ならびにこれに応じた者は、1ヶ月以上1年以下の重禁固、15円以上200円以下の罰金に処する」とある。この法案は可決され、「決闘罪ニ関スル件」として**現在でも有効**である。

つまり、この21世紀の現代日本でも、決闘は法律で禁止された行為であり、双方ともに処罰の対象となるのだが、この法律自体、意外に知らない人が多いのではないだろうか。

令嬢に「秘密の診療」を施す悪徳病院長
大正12年 神奈川

男性医師が、担当する患者女性や看護師などといった立場の弱い人々に対して、わいせつな行為を強要する事件は後を絶たない。

重大事件では、昭和62（１９８７）年7月に都内の国立がんセンターに勤めるエリート医師（34）が、別れ話のこじれから愛人関係にあった看護師（24）を殺害し、遺体をバッグに詰めて捨てた後に自殺するという事件が起きている。

他にも、もう何年も前になるが、医者が女性を麻酔で眠らせた状態にして、レイプしたり局部の写真を撮影していたりした事件が世間を騒がせた。

筆者も、医療関係に詳しいジャーナリストから話を聞いたことがあるが、こうした強制わいせつや性的暴行などといった事件はかなり数多く発生しているらしい。ただし表沙汰になることは少ない。なぜなら、多くの女性が気づかないか、泣き寝入りしているからだという。

さて、こうした医師による卑劣なわいせつ事件は決して最近になって始まったわけではない。大正12（1923）年、**49歳の病院長が、嫌がる若い女性に性的いたずらを繰り返し、ついには妊娠させる**という事件が起きている。

被害に遭ったのは、横浜市内に住む女子学生（18）A子。

県立女学校の4年生であるA子は、気管支にできた疾患の治療のため、日本海員掖《えき》済《さい》会《かい》横浜出張所付属病院の院長である大野禧一（49）の診察を受けていた。日本海員掖済会は現在も続いている歴史ある団体で、その病院もまた存続している。大学病院並みの規模を持つ大きな総合医療施設だ。

さて、診療から4ヶ月ほどが経った頃、A子は、「気分がよくない」と体調の不良を訴えるようになり、治療に通うことも嫌がるようになった。

さらに、学校まで休みがちになってしまった。そこで、気になった母親が大野院長に相談してみたものの、「病気のせいです。心配はいらない」と軽くあしらうばかりだった。

このように、「心配ない」と言った院長だったが、後日、いきなりA子の自宅に現われ、「念のために診察しましょう」などと言って彼女と部屋に入った。そしてほどなく「治療しました」と帰っていった。

ところが、その夜になってA子さんは局部に激しい痛みを訴え、そのまま寝込んでしまった。驚いた両親が彼女の身体をよく見たところ、胸が膨らんで張っていることに不安になった。

そして彼女を問い詰めると、ついに、**3ヶ月以上にわたって院長からセックスを強要されていた**ことを告白したのだった。

これに驚いた両親は、「どうして嫌だと言わなかったのだ」と叱った。しかし、彼女は泣きながら答えた。

「お医者様の言う通りにしなさいと、お父様が仰っていたからです」

実は、A子の父親は、日本電燈や富士水電、京浜電軌や水戸鉄道といった鉄道会社、さらに秋田瓦斯《ガス》など数々の企業の重役を務める実業家にして資産家であった。ちなみに、父親の会社については新聞記事のまま。日本電燈とは当時数多くあった電力会社のひとつ。その他、水戸鉄道はこの頃すでに合併で組織がなくなっていたので、創業に関わったのかもしれない。

そんな立派な父親のもとに生まれ育った彼女は、文字通りの「育ちのよいお嬢様」そのものだったのである。そのため、父親や医者の言うことに逆らうことなど考えられず、しかもセックスについてもまったく無知そのものであった。

彼女が通う女学院の女性舎監（寄宿舎の監督役にあたる人物）も、彼女について、「美人というよりむしろ可愛らしいほう」「極めて温順」などと、そのおとなしいお嬢様ぶりを語っている。

驚愕の事実を知ったA子の父親は、翌日、さっそく近所に住む医学士の幾石俊夫医師を自宅に招くと、彼女を診察してもらった。

すると、**すでに妊娠3ヶ月。しかも、膣内に異物があるとの事実まで判明した。**

そこで、さらに産婦人科の医師が呼ばれて改めて診察したところ、彼女の膣から堕胎を促す器具が取り出された。大野院長が挿入したことは明らかだった。

ただし、旧式の器具だったため胎児や母体には影響はなかった。

この事態に両親は激怒。世間に知られることで娘が奇異の目にさらされるのではという思いもあったものの、「それでも大野は許せない」との思いから、市内に住む染谷徳平弁護士に依頼し、大野院長を横浜地裁に告発した。

新聞の記事で父親は「実に言語道断で憤慨に堪えません」と怒りを露わにし、幾石医師も、彼女の診察結果については「その内容は医師の徳義として絶対秘密を保たねばなりません」と、詳しい説明は避けたものの、怒りに満ちた様子で「法廷に立つ場合には医師として重大な責任により医師の尊厳を冒涜するものに大いに制裁を加える必要があると思います」と述べた。法廷に立つ意思を明らかにしたことから、大野院長の蛮行に憤激していることは明らかだった。

加害者である大野院長という人物は、熊本県出身で、帝国学士院の第1回出身者。

大野醫學博士
富豪の娘を淩辱
親の小倉鎭之助氏が激憤して
けふ貞操蹂躙の告訴

告發された大野醫學博士

『東京朝日新聞』大正12年3月3日

ドイツ留学後に博士号を取得し、フィリピン総督府病院に招聘されたこともあるというエリート医師だった。

その反面、病院だけでなく自宅でも診察を行っていることや、自宅は老いた母親と妻との3人暮らしで、その妻も20歳以上年下の若妻であることも指摘され、「博士の素行については以前より余りよからぬ噂もあった」などと報じられた。

事件が明るみに出るや、新聞各紙は「病院長の悪行」などと、こぞって大野院長を批難する記事を掲載した。

そのため、横浜市内にある院長の自宅には連日のように人々が押し寄せ、口々に罵声を浴びせかけては、石などが投げつけられて窓ガラスが割られるなどは序の口で、はては**糞尿までも家の中に投げ込まれる**ほどだった。

結局、大野院長は横浜地裁で懲役6年の判決を受け、二審、三審でも有罪。懲役3年の実刑が確定し、服役したと伝えられている。

女学校の教科書にアダルトショップが登場
明治35年

明治35（1902）年4月、監督官庁から現場の教師まで、教育関係者をあわてさせる事件が起こった。

問題となったのは、高等女学校で使用されている国語の教科書『女子国語読本』。著者は歌人および国文学者として有名な落合直文。発行は前年の2月で、当然ながら当局による厳しい検定もパスしていた。

ところが、この教科書がその後の検定によって、「不穏の記事一節あること」が発見された。その一節とは、石川雅望《まさもち》（1753～1830）の著書『都の手ぶり』からの次の引用である。

「さてそこを出ててさまよひあるくに、佐々木の家の幕じるしかとおもふばかりなる紋つけたる軒あり。薬ひさぐにや、長命帆ばしらなど、金字に、だみたるふだをかけたり。長命とは不死の薬なるべし。帆ばしらとはなにならん。もしくは風の薬をいえなりはひとなして世をわたるなめれ、といとおかし」るなぞなぞにや。かかるむずかしげなる薬さえ、そのこころえて買う人のあればこそ、

「（現代語訳）さて、そのあたりを歩き回ってみると、近江・佐々木氏の旗かと見まちがうような家紋を掲げた店がある。どうやら薬を販売する店舗のようで、金色の字で『長命』とか『帆柱』などと書かれた、たいそう派手な札がかかっている。『長命』とは、おそらく不老不死の薬ではなかろうか。『帆柱』とは、はて、いったい何のことだろう。もしかしたら、帆柱に関係あるものとして、『風』と『風邪』をかけた風邪薬のこと、つまり一種のなぞなぞかもしれない。こんなよくわからない売り方をしている薬でも、その効能をキチンと理解して買っていく人がいるはずだから、商売として続けられているのだろう。いやはや、なんとも興味深いことである」（著者・訳）

一見すると、どこが「不穏」なのか分からないかもしれない。

江戸の両国界隈あたりの様子を書いた、ごく普通のエッセイ、あるいはほのぼのとしたタウンガイドにしか見えないだろう。

だが、実はここに記されている「薬を販売する店舗」とは、**江戸時代の有名なアダルトショップ「四ツ目屋」**だったのだ。

「佐々木の家」とは、近江国（現・滋賀県）を治めていた武家、佐々木家のこと。両国あたりでその佐々木氏の家紋である四つ目結を掲げていた店といったら、アダルト関係に詳しい人なら四ツ目屋だとすぐにピンとくる。

そして、「長命」とは「長命丸」、「帆ばしら」とは「帆柱丸」のこと。いずれも**精力増強剤**として知られたもので、四ツ目屋の主力商品であった。

また、四ツ目屋では精力剤のほかにも、女性用の張り型、つまり**女性がマスターベーションに使用する男根型のアイテムなどのグッズも扱っていた**。現在でいうバイブレーターの前身である。

ちなみに、「帆柱」とは男性自身、ペニスの異称でもあることから、資料によってはこの帆柱を張り型のことと解釈するケースも見かけるので、もしかしたらそうした商品もあったのかもしれない。だが、四ツ目屋の関連で見る限りにおいては、帆柱は精力剤の商品名と考えるのが妥当だと思われる。

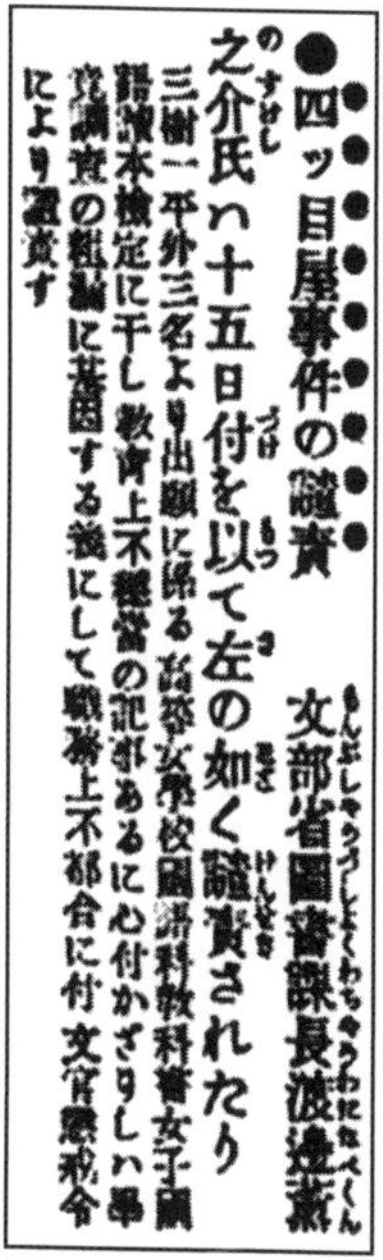
●四ッ目屋事件の譴責

文部省図書課長渡邊薫之介氏ハ十五日付《づけ》を以《もつ》て左《さ》の如く譴責《けんせき》されたり

三樹一平外三名より出願に係る高等女学校国語科教科書女子国語読本検定に干し教育上不穏当の記事あるに心付かざりしハ畢竟調査の粗漏に基因する義にして職務上不都合に付 文官懲戒令により譴責す

『東京朝日新聞』
明治35年5月17日

その四ツ目屋であるが、江戸に2軒が営業していた。

まず、四つ目結をシンボルマークとしていたのは両国薬研堀で営業していた四ツ目屋忠兵衛の店舗である。

もうひとつ、両国吉川町に高須屋安兵衛が経営する店も四ツ目屋と称していたが、こちらは四つ花菱を掲げていた。この2店がそれぞれ自らを「元祖」とか「本家」とかを名乗って互いに熾烈な営業攻勢を展開していたようである。

ともかく、四ツ目屋とは**江戸時代のアダルトショップの代名詞**であり、その店のことが女子校向けの学校教科書に載ってしまっていたということだ。

文部省（現・文部科学省）はこの事実を発見すると、あわてて出版元に訂正を命令。出版元はすぐに問題箇所に訂正を加えると共に、文部省による再度の検定が実施された。

また、先に検定を通過したものについても発売差し止めの措置を講じたため、多くの学校で使用されることは食い止められた。

ところが、検定以前に「当分用として」県知事からの上申によりいくつかの自治体で問題の教科書が許可され、実際に島根、岩手、滋賀、静岡の4県で使用されていたことが判明したため、関係各所は大混乱となった。

まず文部大臣が、全国高等女学校長会議で事件の経緯を説明すると共に、検定の不手際を謝罪した。また、担当者である文部省の図書課長が「職務上不都合に付」としてけん責を受けた。

当然、現場の教育者の間でも激しく追及され、中学校長会議では文部省の過失が指摘され、「文部省には任せられない。教科書の一切の検定は各地方自治体に一任すべき」との意見が一部の有力者から起こった。

加えて、教科書を編集発行していた出版社も緊急に臨時集会を実施。不都合な教科書を編修したことに対して制裁を加えることや、検定当局者への注意申請などを取り決めた。

出版社が自主規制するほど、「四ツ目屋」にはインパクトがあったということだろう。現代なら、美術の教科書に間違ってAVのパッケージの画像を載せてしまったくらいの、いや、それ以上の事態だったのかもしれない。

こうした一連の騒動は、新聞各紙に「四ツ目屋事件」として、連日報道された。世間も「文部省の検定官が悪い。責任を取れ」「いや、著者の責任こそ重い」「出版社はどうなのだ」などと、責任の所在を追及する意見が飛び交った。

当然、生徒たちの親なども怒りあるいは戸惑い、学校に問い合わせや苦情を寄せる者なども多かったらしい。文部省の担当者などは、「今更の如く狼狽し只申訳なしと云うの外答ふる処を知らざる」という有様。つまり、ひたすら頭を下げるばかりだったというところであろう。

一方、著者である落合直文はどうしたかというと、なんと事件発覚の翌日から「転地療養」と称して外出し、そのまま行方不明になった。

たしかに直文は明治32（1899）年頃から病気がちとなり、その頃から転地療養は続けていたものの、このときは家族にも行き先を知らせなかった。そのため、新聞では「落合は雲隠れした」などと書かれた。偶然に療養の時期と重なっただけなのか、それとも本当に逃げ出したのかは分からない。

だが、直文は事件から数日後に自宅で取材に応じて事件について弁明し、その記事が5月6日の『朝日新聞』に掲載された。記事では直文は「座敷に床をのべて臥しつつあり」とあるので、病床で取材を受けたのだろう。直文はこの翌年に、42歳という若さで病死する。

記事によると、問題となっている教科書が自らの手で編纂したものであることを認めたうえで、石川雅望の文章が優れていたので採用したことや、引用した雅望の文章のなかに「四ツ目屋」という具体的な記述がなかったことなどを言及した。

そして、後になってから友人から問題点を注意されたために、驚いて出版社に訂正させたことなどを説明し、「『長命丸』や『帆柱』といえば四ツ目屋だということを知らなかった」と弁解した。

そして「過失、疎漏、不注意の誹は到底免る可らざるを信ず」「余の過失たるに相違なし」と自らの責任を認めているものの、最後に出版社や教科書の著者たち、文部省の審査官などの関係者についても、「多少因由する所なきを得ざる可し」、すなわち、いくらかでも原因がないわけではないでしょうと締めくくっている。

この事件に関しては、いろいろな指摘や意見があったが、中でも俳人の正岡子規が随筆『病床六尺』の明治35（1902）年6月12日の項で、これについて取り上げて指摘している記述が興味深い。

子規は、世間で言うような著者の直文や文部省の審査官の疎漏、つまり不注意や落ち度ではなく、「著者及び審査官の無学といふ事である」と、別の角度からこの事件を評した。

「余の臆測にては」と前置きして、「著者も文部省の審査官等も恐らくは四ツ目屋の何たるを解せずしてこれを書中に引きまたこれを審査済として許可したるものであらうと思はれる」と子規は述べているが、おそらくその通りではなかろうか。

要するに子規は、著者や文部省の審査官などが、古典作品や文献についてはよく知っているかもしれないけれど、世俗のこと、つまり**「四ツ目屋」という有名なアダルトショップのことさえ知らないという側面を見抜いて、エリート階級のアカデミックに偏った傾向を痛烈に批判した**のである。

ちなみに、騒動のもとになった文章を書いた石川雅望とは、江戸時代に活躍した文学者である。宿屋の息子に生まれながら学究心が旺盛で、自ら師について学び、膨大な数の狂歌の他、国学の著作をまとめるなど、じつに幅広い執筆をしている。

上掲の石川雅望の文章もよく読めば、ユーモアとウイットに富んだ味わいある文章だとすぐに分かるはずである。

特に雅望は庶民性に重点を置いた作家であったわけだから、四ツ目屋についても熟知していたことは明らかだ。

だからこそ、「『長命』っていうくらいだから、不老不死の薬だよなあ」とか、「『帆柱』って、いったいなんだろうね？」などと、文章の中でとぼけてみせているのだ。

こうした庶民性や通俗性を大切にしていた雅望を「古典だ」「名文だ」と妙にまつり上げて、熟読も検証もせずに教科書に載せてしまったエリートたちを、子規は鼻持ちならない俗物と感じたのではなかろうか。

ともかく、わずか数行の引用で、日本の教育界を上から下までゆさぶる事件になったということである。

ちなみに、古典や権威を精査することもなく信用し、その反面、性的な事柄その他の世俗的要素を、軽視し、あるいは無視、または過度に軽蔑する傾向は、現代においても続いている。

フリーの編集者やジャーナリストのような人物たちですら、エロとか風俗とかアダルトといったジャンルを、出版の最底辺、ジャーナリズムや学術研究にはまったく関係のないゴミのような世界のものだと思っている人たちがいる。

筆者もまた、「エロ関係の事件に関する文章を書いています」などと言うと、露骨に嫌な顔をされるならまだしも、**「普通の取材ができるようになるといいですね」などと気の毒そうに言われる**のにはうんざりする。

筆者にとって、労働問題も原発もエロも、等しく執筆分野である。お気遣いは無用に願いたいものである。

コラム③ 天下の『朝日新聞』も埋め尽くした戦前のエロ広告

戦前の新聞をながめてみると、その記事の面白さとともに目を引くのが広告の内容である。

最初の頃こそ、日本郵船とか、出版社とか保険会社とか、あるいは官公庁とかといった、かなり堅実な企業や団体の広告が目立つ。しかし、明治20年代になると、そうしたおカタい広告に加えて、通俗的というか、下世話な広告が激増する。

そのなかでも、まず目につくのが今日でいう性感染症関係。まだ抗生物質が発見されていない明治時代には、梅毒や淋病は不治の病だった。その頃の新聞には、「りん病」「ばい毒」といった文字とともに、治療薬や診療機関の広告がズラリと並んでいた。もちろん、決定的な治療薬がなかった時代であるから、ほとんどが怪しげなものなのだが、なかには現在でもよく知られている某医薬品の名前まであるから驚きである。

治療法が発見されても、その傾向は変わらなかった。

明治43（1910）年、ドイツの科学者パウル・エールリッヒと日本の細菌学者である秦佐八郎によって、梅毒の特効薬「サルバルサン６０６」が開発される。しかし、依然として怪しげな性病治療薬や診療所の広告は掲載され続けた。

それどころか、「にせ薬に注意」などといったコピーで、それこそまったく効果のないインチキな性病薬の広告を連発し、それによって巨額の資産を築いた有田音松という人物まで現れた。

ほかにも、「わきが」とか「包茎手術」とか「痔」とか、あまり人に知られたくないような症状を改善すると称する広告が、戦前の新聞にはあちらこちらに掲載されている。

これを「昔の話」と考えてよいのだろうか。現在でも、治療法があるのに、そして医師の診療を受けたほうがずっと低料金で済むはずなのに、得体の知れない健康食品を医薬品の何倍もの値段で買い求める人が少なくない。

おそらく、「病院に行くのが面倒」とか「こっそり自宅で治したい」という心理なのだろう。こういう心境は、昔も今も変わっていない。そして、そうした人情につけこむ輩も、後を絶たないということである。

おわりに

過去の新聞記事に興味をもつようになったのは、ライター業を始めて数年経った頃、サブカル関係の記事を書くようになった90年代後半のあたりからである。

最初は明治や大正期の新聞に掲載されている広告を集めるのが目的だったが、ついでに記事を読んでいくと、これがなかなか面白い。現在なら週刊誌のネタになるようなものがあると思えば、とてつもない凶悪事件がさりげなく掲載されていたりする。

そうした記事が、年数を重ねていくうちにいつしか手元にたまってきた。そこで、5年ほど前からウェブサイト「メンズサイゾー」にコラムとして投稿するようになった。

明治や大正などについては、いろいろと誤解が多い。たとえばセックスについても、男女交際については厳しかったとか、婚前交渉など厳禁だったとか、そうした固定観念を持っている人がとても多いようだ。

ところが、実際に当時の新聞を調べてみると、割合と普通に男女交際は認められていたようだし、それほど貞操観念が強かったという様子でもない。10代や20代で交際していたところ、彼女が妊娠して親と大ゲンカ。物別れでアベックふたりして駆け落ちしたとか、悲観して山中で心中したなどという話はいくらでも出てくる。

また、明治の男というと無骨で質実剛健というイメージがあるが、実際にはだらしないプレイボーイだって少なくないし、女性にしても男に付き従うばかりではなく、女傑と呼ぶのがふさわしいような、男を手玉に取ったり、襲ってきた男を返り討ちにしたりするようなケースもいくつもある。

ほかにも、明治や大正期の新聞というのは、誌面は現在よりもずっと少なかったが、スキャンダル記事やゴシップ記事がとても多いので、読んでいて退屈しない。

そうした、戦前の興味ある、特色ある記事のなかからその一部、男女関係に関わる事件や出来事を取り出してまとめたのが本書である。

この種の、事件を取り上げた書籍や特集は数多い。そこで筆者は今回、事件そのものに加えて関連する事項や情報についても可能な限り記述するよう試みた。

事件とは、現象ではなく行動である。行動である限り、そこには必ず人間が存在し、生活や現場がある。事件について説明するには、当時の庶民生活やその場の状況がわかったほうが、よりリアルに事件について、当事者について理解できるだろうと考えた次第である。

明治や大正の先人、諸先輩方の遺した貴重な遺産を、いくらかでもこの時代にお伝えできれば幸いである。

本書の刊行には、彩図社の編集長・本井敏弘氏と編集担当・北園大策氏のご両名に大変にお世話になった。毎回、おふたりには拙著の執筆には多大なご苦労をおかけ申し上げており、今回も筆者の怠惰とワガママをご理解いただき、心からお礼申し上げるものである。

さらに、ご購読いただいた読者の皆様に、心からお礼申し上げる次第であります。ありがとうございました。

2015年1月吉日

橋本玉泉

著者略歴

橋本 玉泉（はしもと・ぎょくせん）

1963 年、横浜市出身。トラック運転手、学習塾の時間講師、コンビニ店長、経営実務資料の編集、販促ツール等の営業、フリーペーパー記者、派遣労働者、夜間工場内作業員など数々の職業を経験。
91 年からフリーライターとして活動開始。歴史や世相、庶民生活などといったジャンルのほか、企業関係や事件・犯罪に関するテーマも手がける。現在、肉体労働系の仕事と平行して執筆業を続けている。
ウェブサイト「メンズサイゾー」「日刊サイゾー」「サイゾーウーマン」などにも記事を執筆。著書『色街をゆく』『怪しい広告潜入記』『ビンボーになったらこうなった！』（彩図社）、『仮面の消費者金融』（鹿砦社）など。

※本文中の元号について、明治５年以前は西暦と対応しないケースがあるため、西暦の併記は行っていません。

三面《さんめん》記事《きじ》から見《み》る 戦前《せんぜん》のエロ事件《じけん》

2015 年 2 月 23 日第 1 刷

著者　橋本玉泉
発行人　山田有司
発行所　株式会社　彩図社《さいずしゃ》
〒 170-0005
東京都豊島区南大塚 3-24-4　ＭＴビル
TEL 03-5985-8213　FAX 03-5985-8224
URL：http://www.saiz.co.jp
http://saiz.co.jp/k（携帯）→
印刷所　新灯印刷株式会社

ISBN978-4-8013-0035-4　C0121